Karl Gutzkow

Über Goethe. Im Wendepunkte zweier Jahrhunderte

PROMENADE

12

Herausgegeben von Gert Ueding

KARL GUTZKOW

ÜBER GOETHE. IM WENDEPUNKTE ZWEIER JAHRHUNDERTE (1836)

Eine kritische Verteidigung

Herausgegeben von Olaf Kramer

Klöpfer & Meyer

Die Deutsche Bibliothek – CIP-Einheitsaufnahme
Gutzkow, Karl: Über Goethe : im Wendepunkte zweier Jahrhunderte ; (1836) ; eine kritische Verteidigung / Karl Gutzkow. Hrsg. von Olaf Kramer. – Tübingen : Klöpfer und Meyer, 1999
ISBN 3-931402-44-4

Lektorat: Hubert Klöpfer, Tübingen
Gestaltung: Gertrud Eilenstein, Stuttgart
Umschlag: Werner Rüb, Bietigheim-Bissingen
Herstellung: Gulde Druck, Tübingen

Vorwort

ZWISCHEN DEN STÜHLEN UND DEN JAHRHUNDERTEN – ÜBER GUTZKOW UND GOETHE

»Flügelmänner« hat Goethe Menschen genannt, die in Leben und Werk deutlicher und früher als andere die Charakteristik einer Zeit erscheinen lassen. Wenn Goethe Eckermann gegenüber bekundet, »einige Symbole des Menschenlebens« seien in seiner Autobiographie enthalten, dann wird klar, Goethe selbst hält sich für eine solche Leitfigur. Auch für Karl Gutzkow ist Goethe so etwas wie ein »Flügelmann«, eine Figur, die durch ihre Individualität Grundbedingungen menschlichen Daseins widerspiegelt. Als der »Grenzstein, in welcher das Alte enden, aber auch das Neue beginnen müßte«, bezeichnet Gutzkow den Weimarer Dichter in seinem Essay. Unter den Händen Gutzkows wird das Goethe-Porträt zu einem Bild zweier Jahrhunderte. Dabei entsteht in diesem Gegenstück zu Goethes Aufsatz »Über Winckelmann und sein Jahrhundert« eine Ästhetik, die durch ihre Verteidigung der Kunst vor der Tendenz und durch ihren Preis menschlicher Individualität auch heute noch aktuell ist.

Gerade 24 Jahre ist Karl Gutzkow alt, als er den Essay »Über Goethe im Wendepunkte zweier Jahrhunderte« schreibt. Seine Situation ist alles andere als glücklich: dieser Essay ist ein Gefängnistext. Sein Roman »Wally, die Zweiflerin« war als »sittengefährdend« und »gotteslästerlich« verurteilt worden. Der Essay zeugt vom Glauben an die Literatur, vom Glauben an eine Zukunft der Kunst auch in schlechten Zeiten. Man könnte den Rückzug vom Politischen, den der Vorkämpfer des Jungen Deutschland mit dem Essay vollzieht, als Zugeständnis Gutzkows an seine Häscher sehen. Doch damit täte man ihm unrecht. Schon lange vor der Inhaftierung hat er immer wieder betont, daß bloße Tendenz, bloßer Zeitgeist das Ende der Kunst bedeuten. Kunst muß sich über die Zeit erheben, und erst dann, wenn der Geschmack gesiegt hat und Ästhetik als wichtigstes Kriterium für Kunst anerkannt ist, erst dann darf laut Gutzkow die politische Tendenz wiederkehren. »Die Zeit der Tendenz kann beginnen, wenn man über die Zeit des Talentes im Reinen ist. Dann kann man auch wieder anfangen, Schiller statt Goethe zu empfehlen«, wie es am Ende des Essays heißt. Gutzkow erlebt den Gefängnisaufenthalt zudem nicht als wirkliche Bedrohung, zu schaffen macht ihm eher, daß er, der Vielschreiber, nicht in gewohnter Weise arbeiten und schreiben kann. In seiner Autobiographie »Rückblicke auf mein Leben« beklagt er in Zusammenhang mit dem Gefängnisaufenthalt vor allem das Fehlen von »hinreichenden literarischen Hilfsmitteln.« Wenn es ihm um ein Zugeständnis an die Macht gegangen wäre, hätte er es schließlich gar nicht zum Haftantritt kommen lassen müssen. Er hat reichlich Gelegenheit gehabt, der Tendenz und den Ideen des Jungen Deutschland zu entsagen. So an jenem Abend des 25. oder 26. Februar 1835, als sich in der Frankfurter Wohnung des gedrungenen kurzsichtigen jungen Mannes eine kleine Männerrunde eingefunden hatte, zu der auch Joël Jacoby gehörte. Jacoby war ein in Staatsdienste übergelaufener Dichterkollege, der Gutzkow im Namen des preußischen Innenministeriums aufforderte, von seinen politischen Positionen abzurücken, ihm ein öffentliches Amt antrug für den Fall einer geänderten Meinung. Doch Gutzkow lehnt ab, liest statt dessen, wodurch der Abend zu einem denkwürdigen Termin deutscher Literaturgeschichte wird, den Gästen aus dem Manuskript eines bis dato gänzlich unbekannten Dichters vor: aus Georg Büchners »Dantons Tod«. Gutzkow läßt Jacoby deutlich erkennen, für welche Literatur er eintritt, und sorgt dafür, daß David Sauerländer, der ebenfalls zu den Gästen des Abends gehört, den Verlag des Textes übernimmt.

Wenn Gutzkow die Kunst vor der Tendenz verteidigt, ist dies also keine Umkehr, sondern ein Bekenntnis zu einer vor allem ästhetisch ausgezeichneten Kunst. Zwar ist politische Literatur für ihn so etwas wie ein Fernziel – vor, während und nach der Haft. Literatur, die ästhetisch gelungen ist und die die »Zeit«, wie man damals den Zusammenhang von Politik, sozialer Frage und wirtschaftlicher Lage zu nennen pflegte, in sich aufnimmt, ist sein eigentliches Anliegen, aber er weiß eben, wie schwer dieses Ziel zu realisieren ist. Der Essay »Über Goethe im Wendepunkte zweier Jahrhunderte« zwingt dazu, das Vorurteil, das Junge Deutschland zeichne sich durch unbedingte und halsstarrige Ablehnung der Klassik und Romantik aus, zu revidieren. Gutzkow, einer der prominenten Vertreter dieses Jungen Deutschland, entwirft nämlich ein sehr differenziertes Bild. Es mag Tendenzen pauschaler Verurteilung der klassischen Literatur gegeben haben, man denke nur an Gustav Kühnes Behauptung, Goethe mache seinen Wilhelm Meister nicht zu einem Manne, weil zu einem Manne eben auch »Staat und Volk« gehören; an Julian Schmidt und Gustav Freytag, die im »Grenzboten« kritisieren: »nur die Classe der Genießenden, die ihre Freiheit an keinen Beruf verpfändet, hat Teil an der Poesie des Lebens«, die die klassische Literatur besinge. Doch solchen Stimmen hält

Gutzkow in seiner Zeitschrift »Unterhaltungen am häuslichen Herd« entgegen, daß es kein Ausweg sei, sich auf oberflächliche soziale Schilderungen zu verlassen und den Menschen vom Standpunkte bloßer Beobachtung zu charakterisieren, denn auf diese Weise bringe man nur »Spiegelbildswahrheiten« hervor. Ein Ausgleich zwischen der psychologischen Tiefe Goethes und einer Literatur mit »nationaler Unterlage«, wie man sie in den zeitgenössischen Werken Großbritanniens und Schottlands entdecken konnte, erschien ihm wünschenswert, aber in einer Situation, in der man die Wahl hat zwischen einer mittelmäßigen Spiegelung der Zeit und der psychologischen Tiefe eines Goethe-Textes, fällt Gutzkow die Wahl für Goethe nicht schwer.

In seinem 1835 entstandenen Essay »Über Goethe« beschreibt Gutzkow mit klarem Blick und deutlichen Worten die Stärken, aber eben auch die Schwächen Goethes; an dem Genie des Weimarer Dichters kommt dabei jedoch nie ein Zweifel auf. Gleichzeitig ist er aber weit entfernt von einem undifferenzierten Goethelob, wie man es in der konservativen Literaturkritik der Zeit findet. Gutzkow kommt zu erstaunlichen Einsichten und erweist sich als genauer Leser. So, wenn er die Bedeutung des Häuslichen für Goethe hervorhebt, die Wirkung der Sozialisation als Frankfurter Bürger betont und damit sehr genau artikuliert, wie »Dichtung und Wahrheit« die Bedeutung eben dieses Häuslichen für den jungen Goethe inszeniert. Goethes Bemühen um die Naturwissenschaft wird ebenfalls trefflich beschrieben und in den Rahmen seines literarischen Schaffens eingeordnet. Meisterschaft zeigt sich schließlich, wenn der große Stilist Gutzkow mit wenigen Worten stilistische Eigenheiten Goethes skizziert.

Die eigentlich virtuose Leistung des Essays ist aber die Einordnung Goethes zwischen den Jahrhunderten, die Darstellung des Wendepunktes, zwischen dem Zeitalter der Klassik und dem der Tendenz, der gekennzeichnet ist durch das Aufkommen romantisch-nationaler Bestrebungen. Gutzkow hält nicht viel von dieser Zeit, in der man von blauen Blumen träumte und den Charakter der Nation auf klimatische Reverberen, also Auswirkungen des Klimas, zurückführte:

> Goethe hat sich im Anfang dieses Jahrhunderts von allen Liebhabereien desselben entfernt gehalten, sowohl von dem Nifl- und Muspelheimer-Himmel der Nordlandsreckenromantik, wie von der blauen Blume Hardenbergs, der Indomanie der Schlegel, welche sich beide im Ganges von ihren literarischen Sünden reinigen wollten. Allen diesen Bestrebungen lag in der Tat eine gewisse Verwandtschaft mit Ideen der Zeit, ja sogar eine Sympathie mit dem Schicksale der Nation zum Grunde; aber es war von einem vollendeten Charakter nicht zu erwarten, daß er aus Patriotismus seinen Geschmack verderben sollte.

Für Gutzkow erhob sich Goethe über die Zeit, und in der Tat scheinen selbst herausgehobene Zeitläufe an Goethe ohne große Bedeutung vorüberzuziehen. Tagebuchaufzeichnungen und andere Akten weisen den Jahrhundertwechsel 1799 für ihn als einen ganz normalen Tag aus: Amtsgeschäfte, Briefe, Gespräche. Am 1. Januar 1800 schreibt er in einem Brief an Schiller, mit dem er den vorangegangenen Silvesterabend verbracht hat:

> Ich war im Stillen herzlich erfreut gestern Abend mit Ihnen das Jahr und da wir einmal 99ger sind auch das Jahrhundert

zu schließen. Lassen Sie den Anfang wie das Ende sein und das künftige wie das vergangene.

Das Desinteresse am Jahrhundertwechsel ist bezeichnend für Goethes Zurückhaltung gegenüber den neuen Tendenzen des Literaturbetriebs und der Politik. Doch gerade aus dieser Position des Beobachters gelingt es ihm, das Heilmittel gegen ein Übermaß an Schwärmerei und Polemik zu liefern: er beruft sich auf die menschliche Individualität. Sie ist Signatur des modernen Menschen, insofern nicht unabhängig von Zeit, aber wer sich auf individuelles Empfinden verläßt, der ist eben auch nicht in Gefahr, den Tendenzen der Zeit willenlos zu folgen und auf diese Weise jede Identität einzubüßen, sich an bloße »Spiegelbildswahrheiten« zu verlieren. Goethe bekennt sich zum Genie, zur Ästhetik der Produktion und will nicht aus Patriotismus den Geschmack niederzwingen. Gerade in der Zeitlosigkeit gelingt es ihm, 18. und 19. Jahrhundert zu verkörpern und auch unserer Zeit noch nah zu sein.

> Was er [Goethe] uns hinterließ, ist die Tradition des abstrakten Genies, die Form, die Grenze und die Methode. Er hinterließ uns etwas, woran man lernen soll, sein großes Vorbild, eine Meisterschaft, die sich gewiß auch für die Beurteilung fremder Produktionen auf einige ausgesprochene Maßstäbe zurückführen läßt. Durch Goethes Studium soll sich jede ausschweifende luxurierende Phantasie im Zügel ergriffen fühlen und auf jene Bahn einlenken, wo selbst das Willkürlichste nicht ohne innere Formation ist, jenen Blumen gleich, welche der Frost auf Fensterscheiben zeichnet. […] Goethe aber ist ein Name, auf den man zu allen Zeiten zurückkommen kann. Durch nichts bestimmt, kann er jedes bestimmen. Seine Dichtungen sind ein kritisches Regulativ für jede zukünftige Schöpfung.

Diese Idee eines Goethe, der allen Zeiten Vorbild sein kann, ist mehr als bloße Lobrede. Für Gutzkow hat Goethe Begriff und problematische Natur der modernen Individualität beschrieben, und daher klingt Gutzkows Essay häufig so, als sei er in unseren Tagen geschrieben. »Statt angemaßter Wahrheiten gebt bescheidene Überzeugungen!« »Nur diejenige Wahrheit ist schön, welche eine individuelle ist«, kann man bei Gutzkow lesen und sich an die Postmoderne erinnert fühlen. Überzeugung statt angemaßter Wahrheit gehört zu ihrem skeptischen Programm, der Preis des Individuellen zu ihren Präludien, wobei die vollends entfesselte Individualität begann, sich aufzulösen, da sie die Kautelen mißachtete, die Gutzkow zur erfolgreichen Realisierung von Individualität empfahl. Aktuell klingt der Essay auch, wenn er »von jener Überflutung des Literaturmarktes« spricht, »welche den Umsatz, die Teilnahme, den Überblick und die Kritik erschwert«. Sogar der Europa-Gedanke, den Gutzkow konzipiert, hat es noch heute in sich: in seiner Variation von Goethes Weltliteraturidee spricht er von einem »Europäischen Forum«, von den »Unversöhnlichkeiten und Angebereien [...], mit welchen in Deutschland produktive Talente begrüßt, verfolgt und oft getötet werden.« Allerdings Gutzkow bleibt immer Realist und erkennt, daß ein Europäisches Forum vor Irrtümern nicht gefeit ist und auch die internationale Riege der Literaturkritik sich täuschen kann. So wie Goethe sich laut Gutzkow täuschte, als er Byron in den Status des Weltliteraten erhob, obwohl bestenfalls einzelne seiner Texte einigen Wert besäßen.

So wie Byron geht es den meisten der von Gutzkow behandelten Autoren: bedingungslose Zustimmung ist (zum Glück) selten. Immer gibt es Für und Wider, Wenn und

Aber. Arno Schmidt, der viel zur Wiederentdeckung Gutzkows, des einst gefürchteten und dann vergessenen Kritikers und Schriftstellers, dessen Gesamtwerk mehr Seiten umfaßt als das Goethes, in der deutschen Literaturgeschichte beigetragen hat, sagte einmal über ihn: »Er saß, wie jeder gute Schriftsteller übrigens, zeitlebens *zwischen* sämtlichen Stühlen.« Dieser Satz charakterisiert auch den Goethe-Aufsatz: zwischen den Forderungen nach politischer Literatur und dem Bekenntnis zur reinen Kunst, zwischen der Bewunderung für Goethes Genie und der Verwunderung über sein Urteil über Byron, zwischen der Hochachtung vor seiner Idee der menschlichen Individualität und quälenden Zweifeln an ihrer Realisierbarkeit hin und her gerissen, entwickeln sich Gutzkows Gedanken. Dabei sieht er klarer als andere, denn sein freies Denken erlaubt es ihm, den Stoff von vielen Seiten zu betrachten und dabei ungewohnte Eigenarten der Sache zu entdecken. Der Platz zwischen den Stühlen ist ein guter Ort für einen Essay.

Olaf Kramer

Der Text folgt der Ausgabe, die 1836 im Verlag der Plahn'schen Buchhandlung in Berlin unter dem Titel »Ueber Göthe im Wendepunkte zweier Jahrhunderte« erschienen ist. Orthographie und Interpunktion wurden behutsam den heutigen Gepflogenheiten angeglichen, offensichtliche Druckfehler stillschweigend korrigiert. Im Text enthaltene Fremdwörter und Begriffe, die inzwischen ganz und gar aus der Mode gekommen sind, werden in einem kleinen Glossar am Ende des Bandes erläutert.

I.

Durch Erfahrungstatsachen die Kunst zu tyrannisieren, waren die Griechen so weit entfernt, daß sie weit eher von der Kunst ihr Leben, ihre Sitte und Religion beherrschen ließen. Erst die Römer waren es, welche an die Literatur heterogene Maßstäbe legten und für die Kunstkritik praktische Zwecke einführten. Cicero war es, der mit seiner zusammengelesenen tuskulanischen Weisheit gegen die Schilderung des Schmerzes polemisierte, und durch den Philoktet des Sophokles zu beweisen suchte, daß die Dichter das Volk entnerven, wenn sie Heroen klagend aufführen. Cicero glaubte, daß man die Römer zu Gladiatoren bilden müßte, die freilich dadurch beleidigten (da sie bezahlt waren), daß sie in dem Schmerze ihrer Wunden stöhnten und eine Empfindung hätten rege machen können, welche die Zuschauer rührte. Cicero würde demnach keinen Anstand genommen haben, mit seiner stoischen Voraussetzung die rhetorischen Deklamationsdramen, welche später unter dem Namen eines Seneca liefen, dem gefesselten Prometheus und dem Philoktet vorzuziehen; denn, wie Lessing sagte, dieser schlechte Philosoph hielt das Theater für eine Arena, und für etwas Unmännliches, wenn Helden Gefühl zeigen, ihre Schmerzen äußern und die bloße Natur in sich wirken lassen. Lessing fügte hinzu, daß in Helden das Menschliche schildern das Höchste wäre, was die Weisheit hervorbringen und die Kunst überhaupt nachahmen könne.

Die späteren Italiener waren bei weitem nicht mehr so ungerecht gegen das Schöne. Bewunderten sie doch das

Genie Alighieris, ob der Dichter gleich eine Sache verfocht, welche nur für einige kleine Baronien am Fuß der Alpen national war. Ja, würde man heute noch in Italien einen Kritiker, der an der göttlichen Komödie ein Suchen und Haschen nach gelehrten Effekten tadelte, meinetwegen eine eitle Absicht, besonders hohe Dinge zu fassen und das, was dem Dichter an Gelehrsamkeit abging, durch Unverständlichkeit zu ersetzen, kurz einen Kritiker, der über Dante seine eigene Meinung hat, wohl beschuldigen, daß ihn dazu der Haß gegen die Antinationalität desselben bestimme? Wer lästerte noch Shakespeare, daß er seiner Königin in Prologen und Epilogen Sträuße von oft nur gemachten Blumen überreichte! Wer wird Anstand nehmen, über Onkle Bramble und Tante Tabitha zu lachen, wenn gleich Smollets Romane überfluten von Ausfällen auf die Preßfreiheit! Mit einem Worte, die falschen Maßstäbe, welche an die Kunst gelegt werden, sind eine ziemlich neue Erfindung.

Rousseau schlug die Pension aus, die ihm Frau von Pompadour anbot, und zog es vor, sich vom Notenschreiben zu ernähren. In einem Lande, wo der Zwiespalt zwischen Nation und Regierung offen genug ausgesprochen war, konnte eine solche Hochherzigkeit wohl als ein Opfer gefeiert werden, das die Freiheit und die unabhängige Philosophie mit beifälliger Akklamation annahmen. In Deutschland jedoch würde zu gleicher Zeit keiner der damaligen schönen Geister sich gescheuet haben, auf jene Offerte einzugehn; niemand würde darum einen höhern oder geringern Platz in der Geschichte der Literatur eingenommen haben. Weil die Nation zu zersplittert und zu arm ist, um aus eigenen Mitteln für die in Marmor oder Farbe oder in Worten wiedergegebenen Gesetze der Schönheit etwas tun zu können, so war von jeher für Deutschland die Unterstützung der Großen Lebensatem der Kunst. Jenen Flekken in unseren altdeutschen Minnegesängen, daß so viele den hungrigen Refrain hatten:

»Ich will aber Miethe (das heißt Bezahlung) hân«,

war das poetische achtzehnte Jahrhundert am wenigsten im Stande auszulöschen. Seine kümmerlichen Umstände geboten ihm, an die Türen des Reichtums zu klopfen, Freitische anzunehmen, adelige Junker zu informieren und mit jungen Prinzen auf Bildungsreisen zu gehen. Das poetische achtzehnte Jahrhundert der Deutschen lebte wenig in der Gegenwart; seine Einbildungskraft versetzte es unaufhörlich nach Griechenland, in die Berge Ossians und Fingals, in die altdeutschen Eichenhaine. Für das, was sie umgab und wovon sie leben mußten, scheuten sich diese Dichtergilden durchaus nicht, Protektionen anzunehmen und von einer Dedikation die Hoffnung zu hegen, daß sie von ihrem Erfolge das nächste Vierteljahr einer sehr geplagten irdischen Existenz decken könnten. Unsere alten klassischen Dichter glaubten nicht, wenn sie nach solchen Experimenten wieder an die Statuen Griechenlands und das große Vorbild aller Poesie, an die Gesänge Homers, herantraten, daß in ihrer Atmosphäre irgend etwas Ordinäres und Niedriges stäke, irgend ein gemeiner Hauch, wovon die großen Muster erblindet wären. Herder zog und erzog sich mit jungen Prinzen herum; Wieland lebte weniger von seinen Schriften, als den Dedikationen derselben, und Klopstock – schrieb die Gelehrten-Republik – worauf kam diese Schrift hinaus? großer Gott, der alte Barbe nahm sein schwarzes Käppchen vom Silberhaupte und hielt den Vorübergehenden eine Pränumerationsbüchse in den Weg.

So betrübend das Andenken dieser Erscheinungen ist, so erhielten sie durch andere Umstände dennoch eine bessere Beleuchtung. Man kann nicht sagen, daß sich die deutsche klassische Literatur, in ihrem abgeschabten Aufzuge, mit den Löchern unterm Ärmel, und der einfachen Stutzperücke von Hanf der vornehmen Aristokratie der Gönner aufgedrängt habe. Im Gegenteil kam ihnen diese entgegen. Die Freude über die beginnende Herrschaft der Schönheit und des tiefgefühlten Gedankens, hatte einen rosigen Abglanz auf das Antlitz Hoher und Niederer geworfen. Aus der unschönen, verbrauchten und abgestandenen Wirklichkeit flogen die mit innerem Seelenadel beschwingten Gemüter in die eben erst aufgeschlossenen frisch getünchten Tempel der neuen Kunst und später der Philosophie. Eine idealische Welt flocht ihre Blumengirlanden durch das rings mit Dornen und Disteln besetzte Dasein; man umging zuerst die Prosa, später jätete man sie sogar schon aus und versuchte Reaktionen des neuen Himmels gegen die alte Erde. Die Schwärmerei für die Poesie stand denen am schönsten, welche in der Prosa die ergiebigsten Privilegien hatten, den Monarchen und Aristokraten. Auch sie lüfteten ihre Brust und schwenkten ihren Hut bei dem allgemeinen Frohlocken über die entdeckten Schönheiten und Wahrheiten. Indem nun Standesherren sich selbst unter die poetischen Wettkämpfer mischten, mußten sich da die gesellschaftlichen Unterschiede nicht verlieren? Wenn ein adeliger Offizier den Frühling besang, dann durfte Gleim wohl in den poetischen Tornister des Grenadiers ein Loblied des Königs nach dem andern packen, und Rammler an jene russische Kanonenkugel, die ihn beinahe seinem Wirkungskreise entrissen hätte, eine Hymne auf Friedrich und die tapferen Brennen anknüpfen. Die Aristokratie suchte den Umgang mit der Literatur. Die Kronprinzen von Dänemark und von Preußen versprachen ihr für den einstigen Regierungsantritt glänzende Beförderungen, genug die Dichter warfen sich nicht weg, sondern es gab Mäzene genug, welche glücklich waren, ihnen auf eine anständige Weise unter die Arme zu greifen.

Jener schöne Wechselverkehr materiell und geistig Vermögender, hörte erst mit dem Ausbruch der französischen Revolution auf. Die Aristokratie erschrak über die Tändeleien, welche sie mit den dichterischen Predigern, Schulmeistern und Kandidaten so lange in einem arkadischen Rapport gehalten hatte. Diejenigen Sänger, welche von Adel waren, und ihre Winterquartiere in der Poesie genommen hatten, mußten sich jetzt zu ihren Regimentern begeben. Ton, Stil, Versmaß wurden anders. Die poetische Epistel, die Parabel, die Paramythie, die geistliche Kantate, das Triolet, das Sinngedicht oder Epigramm, das Lied schlechthin, kurz alles nahm einen ganz neuen Charakter an. Der Amtmann von Altengleichen fühlte diese Revolution bald, denn er hungerte. Voß emanzipierte die marschländischen Bauern für die Dichtkunst und vertrieb den arkadischen Plunder, die Phyllen und die Chloen, Damon und Amynt durch Mistgabeln, Dreschflegel und durch den niedersächsischen Dialekt, der vor'm Gutsherrn nur noch halb die Mütze abnahm. Mit dem Pfluge des Virgil, welchen der Schulmeister von Eutin wieder entdeckt haben wollte, wurde der ganze poetische Boden Deutschlands aufgelockert. Freilich, der Same, der nun in die Furchen fiel, brachte keine Pensionen mehr, höchstens noch Professorate.

Seit dieser Zeit zog sich die Literatur immer mehr von den gesellschaftlichen Autoritäten zurück, ja sogar als sie romantisch wurde, von der Nation selbst. Mit keinem der Traktate, welche allmählich die Verfassung des deutschen Reiches zerschnitten, hatte die Literatur etwas gemein. Durch die Einwirkungen der Philosophie, und besonders eines, durch die Unbill der Zeiten geweckten Studiums der germanischen Vergangenheit, bekam die Poesie ein ganz neues Gepräge und hinterließ, wenn auch keine außerordentlichen Produktionen, dennoch eine neue Kritik für Kunstleistungen, welche in der Literaturgeschichte zur Markscheidung höchst interessanter Resultate benutzt wurde. Dem goldenen Zeitalter unserer Literatur, dem Zeitalter der Produktion und des Genies, folgte eine silberne Periode, eine Periode der alexandrinischen Kritik und des Talentes; aber war dies schon an und für sich die aufgeblasene Haut eines Menschen, dem es an Knochen und Muskeln fehlte, so war noch weniger an eine Versöhnung der Dichtkunst mit den großen Tatsachen der Wirklichkeit zu denken. Ein Schimmer leuchtete davon auf, als nach dem Winter in Rußland ein fürchterliches Gewitter am Horizonte heraufzog und sich in Blitzen entlud, die diesmal glücklicher Weise unsere Feinde zerschmetterten.

Wenn man unter Literatur eine im Schatten des Friedens sich entwickelnde Vermischung tiefsinnig abstrahierter Formen oder Stoffe mit den dreisten Wagnissen prädestinierter Genies versteht, wenn alle Literatur sichere und ruhige Grenzen haben muß, um ohne den Vorwurf des Egoismus ihren Selbstzweck zu erfüllen, so konnten ihr in Deutschland die unbehaglichen Zeiten von 1815 an keine Handhabung darbieten. Es ist auch in diesen Zeiten auf dem Felde der schönen Literatur wenig erzeugt worden, das, wenigstens bis in die letzten Jahre vor der Julirevolution, dem deutschen Namen einen merklichen Zuwachs an Ehre gebracht hätte. Denn Hoffmann, Tieck, Müllner und Jean Paul waren bloße Reste und Luftspiegelungen vorangegangener Zeiten, wo Tieck wenigstens sein Talent retten wollte, Jean Paul die Zinsen seines tüchtigen Kapitals, Müllner das letzte Ächzen Schillers und wo die

Originalität Hoffmans darin bestand, Absude und Tafelabgänge durch pikante Saucen wieder aufzufrischen.

Und wie nun die Echos der alten klassischen Zeit allmählich verklangen und der belletristiche Ton immer dünner und schwindsüchtiger wurde, da regten sich auch schon zu gleicher Zeit hie und da vereinzelte Präludien einer neuen Entwickelung, einer Entwickelung, die im gegenwärtigen Momente schon mit Lärm und Ringen in unserem Ohre saust. Dieser jetzt hoch gesteigerte Kampf kündigte sich vor 15 Jahren erst mit ganz leisen poetischen Hornklängen an, welche hie und da aus dem Walde kamen, wieder verhallten und wie kleine Federspulen den sorglosen Riesen der Vergangenheit aus seinem Schnarchen weckten. Der Glanz der alten Zeit hatte mit der Kritik geendet, die Hoffnung einer neuen mußte mit der Kritik wieder anfangen. Sie griff einen Namen an, der die klassische Periode durch sein Genie und die romantische durch seinen Ruhm beherrscht hatte und den die Götter in die äußerste Zeit hinausstellen wollten als Grenzstein, in welcher das Alte enden, aber auch das Neue beginnen müßte.

Dies war Goethe.

Die Königssöhne der alten Germanen drängten sich danach, in die Hände ihrer römischen Feinde als Geiseln ausgeliefert zu werden. Die jungen Löwen schnitten ihre gelben Mähnen kurz und folgten bereitwillig einem Sieger, von dem sie etwas lernen konnten; sie wußten, daß das Schulgeld, welches sie zahlen sollten, doch immer Fersengeld wurde, welches die Römer zahlten. Dietrich, der Ostgote, haßte die Römer gewiß, aber er verließ sein Volk, und um soviel Strategik zu lernen, daß er Italien erobern konnte, diente er gehorsam am Hofe zu Konstantinopel.

So dachten die langen Haare einer spätern Zeit nicht; sie verbrannten die alexandrinische Bibliothek, da sie, wenn nicht für, dann gegen den Koran geschrieben sein mußte. Sie ließen sich von dem schönen Enthusiasmus für Freiheit, Nationalität und Religion zu einem Despotismus hinreißen, wo Gesetze der Gegenwart eine rückgängige Wirkung auf die Handlungen der Vergangenheiten haben sollten. Wie grob und grausam, einem Alten, der mit der aufgeregten Jugend nicht um die Wette laufen kann, die Krükke auf den Kopf zu schlagen! So verloren damals unter uns die großen Namen ihre individuelle Geltung und dienten, noch ehe sie das Zeitliche segneten, als Parteiparole. Die Jugend, auf der Flucht vor der aufgereizten bürgerlichen Gewalt, genötigt, sich in Schlupfwinkel zu verbergen, sprang aus der Politik in die Literatur, verwechselte die Begriffe der einen mit denen der andern und tobte seine letzten Leidenschaften auf einem Tummelplatze aus, wo die Neuerung mit keiner Gefahr verknüpft war. Hinter großen Namen wählte man seinen Versteck und eröffnete zwischen Schiller und Goethe eine fingierte Diskussion, die für die literarischen Prinzipien hätte von Wert sein können, wenn sie nicht zuletzt in eine ganz triviale Rangstreitigkeit ausgeartet wäre.

Goethe blieb bei allen diesen Wirren unerschüttert. Die Wellen des Tages brachen sich am Fuße dieses Mannes, der vor Alter und Genüge des Lebens sich schon halb in Stein verwandelt hatte und wie die Memnonsäule nur dann erklang, wenn der rosige Schein irgend einer historischen oder literarischen Zukunfts-Hoffnung, wie Byron, morgensonnig zu ihm herüberstrahlte. Wenn er die verschiedenen Stufen der Pflanzenmetamorphose belauschte, die Wirbelknochen der Tiere zählte oder die Farbenskala des Lichtes maß, so glaubte er sich mit dem Leben der Welt immer im männlichsten Zusammenhange. Warum protestierte er

Johann Wolfgang Goethe (1819)

nicht gegen die Carlsbader Beschlüsse? oder forderte vom Bundestag die Wiederherstellung einer Preßfreiheit, wie sie Preußen unter Friedrich dem Großen so unbeschränkt und vollkommen genoß? Goethe würde eine solche Zumutung an ihn gerichtet, für Wahnsinn gehalten haben; dafür mag ihm die Gegenwart die Bürgerkrone verweigern. Durfte man Goethen den poetischen Lorbeerkranz entreißen und ihn für einen untergeordneten Laien des Parnasses ausgeben, weil es seinem Patriotismus an der Aufregung eines jungen Mannes fehlte und er die Hast in neuernden Versuchen mißbilligte? Diese Motive der Verketzerung zu verraten, hütete man sich auch wohl, sondern man warf sich einen ästhetischen Mantel um, auf welchem Lappen verschiedener Farben, gelbe Fetzen Nicolais, blaue Restchen Novalis aufgenäht waren, kurz jenen religiös-sittlich-poetischen Bettlermantel, von dem Goethe in einem Briefe an Zelter spricht. Was müßten England und Frankreich, die recht gut kennen, was uns seit dreißig Jahren Ehre gemacht hat, von unserem Verstande urteilen, wenn ihnen jemand verriete, daß der Fanatismus Menzels so weit ging, eine deutsche Literaturgeschichte ohne Goethe schreiben zu wollen!

Die Ungereimtheit begann damit, daß man den Dichter für alle Charaktere seiner Poesien verantwortlich machte und jede seiner künstlerischen Reflexionen aus dem Spiegel seines eigenen Wesens herleitete. Charaktere, über welchen der Dichter selbst stand und die er nur aus beinahe technischen Rücksichten als Draperie seiner Schöpfungen benutzte, wurden nicht seiner tiefen Anschauung des Lebens, sondern seinen praktischen Maximen zugerechnet und solidarisch für ihn selbst in Anspruch genommen. Durften diese tellurischen Gestalten, Albert, Lotte, Jarno, Wagner u.s.f.

fehlen, wenn nicht Werther, Meister und Faust ohne Schatten bleiben sollten? sie mußten sich zu diesen künstlerisch ergänzen, um die Idee einer Dichtung in den Satz und Gegensatz zu zerlegen.

Man ging noch weiter und unterwarf auch die Helden, welche die Lichtrollen in Goethes Werken ausführten, einer Kritik, deren Ahnherrn ich oben in Cicero bezeichnet habe. Sie hätten etwas, sagte man, nicht etwa Entmenschendes, sondern Entmannendes; gerade wie Cicero glaubte, daß die Tragödie deshalb da wäre, um Gladiatoren zu bilden.

Alle Schönheit der Kunst offenbart sich da, wo sie rührt; wie sich denn ihre Gesetze weniger aussprechen als empfinden lassen. Wer das Genie der Lektüre hat, beobachtet am treffendsten, wo die Kunst den rechten Fleck zu treffen weiß. In der Tragödie und dem Epos ist dies überall da, wo das physisch Starke dem Schmerze, das geistig Starke dem Irrtume unterliegt oder wo das im Ruhme und in der Gesellschaft Hochgestellte sich in irgend einer Situation und in einem Gefühle überraschen läßt, welches wir nicht gewohnt waren, bei einem mürrischen Charakter oder bei einem Kriegsmanne vorauszusetzen. Mitten im Überfluß das Gefühl der Unzulänglichkeit ist im Leben die Quelle der Religion und in der Kunst die Quelle der gefühlten Schönheit. Denn das Zurückstürzen aus der Region des Titanen in das Menschliche, das Gefühl einer letzlichen Unzulänglichkeit, sowohl in großen Handlungen, wie in Entschlüssen zur Tugend, überrascht, vernichtet, rührt. Die Halbheit der Goethischen Helden, Clavigo, Egmont, diese zwischen raschen, ehrgeizigen immer feurigen Entschlüssen, und dem Gefühl einer plötzlich versiegenden Kraft schwankenden Rohre, sind die meisterhafteste Berechnung eines Dichters, der für Gladiatoren keine Trauerspiele schreiben wollte.

Das ganze Lebensprinzip des Dichters wurde angegriffen, und schon die Möglichkeit, daß man aus Schriften des verschiedensten Inhalts, aus Dichtungen mit objektiver Tendenz, ja sogar aus lyrischen Kleinigkeiten auf eine universelle Weltanschauung und einen Charakter schließen konnte, schon dieses Höchste, das nur wenig Auserwählten je gelungen ist, wurde als etwas Zufälliges und eine Kleinigkeit übersehen.

Woran hält man sich bei Schiller? Scheint nicht eine Tragödie des Dichters gegen die andere zu protestieren? Schiller, der mit der gewaltsamen Gebärde des reinen Genies auftrat und in seinen Räubern, im Fiesko, in Kabale und Liebe, durch Pointen und Akzente, die er auf jedes seiner Werke legte, eine kräftige Bedeutsamkeit vorzustellen schien, war im Grund nur der kecke Partisan einer Sprache, mit der er die gewaltsam herausgepreßten Charaktere seiner Erfindungen zur Not zusammenhielt. Seine edle unerschrockene Seele, die sich auf die Kunst warf, war dabei weder mit Anschauungen, noch mit Tatsachen geschwängert. Bei jedem Werke, das er schuf, verbrauchte er den ganzen Stoff, der ihm zu Gebote stand, und war nach der Schlußszene des letzten Aktes so erschöpft, daß sich sein Geist erst allmählich wieder an neuen Dingen, die er von Außen nahm, erholen und erfüllen mußte. Nach dem eifrigen Studium wuchs ihm wieder die gemauserte Schwinge, und nach langjähriger Vorbereitung hatte er sich wieder so weit gesammelt und so viel zusammengelernt aus Kant, aus der Geschichte, aus Shakespeare, daß er auf fünf neue Akte für einen ganzen Mann gelten und etwas in sich Abgeschlossenes produzieren konnte.

Wahrlich dies ist nicht der Flug des Genies! das Genie beginnt seine Laufbahn und sagt beim Anfange schon für das Ende derselben gut. Eine neue Philosophie kann ausbrechen, eine große Entdeckung gemacht werden, ja in seinem eigenen Fache kann ein noch wilderer Komet seine Bahnen durchkreuzen, das Genie ist unerschüttert. Es lernt, o unendlich viel lernt es – was hat Goethe nicht alles gelernt! Aber kein Buch stiftet eine Revolution in seinem Innern, wiewohl Schiller oft in Jena erblickt wurde, daß er über eine neue Erscheinung einen ganz heißen Kopf hatte und mit Enthusiasmus seinen Freunden ankündigte, seit einer Stunde sei er ein ganz anderer Mensch geworden. Schiller war eine leicht erregte Kapazität, die keine schöpferische Einheit besaß und dasjenige, was sie an der Stelle der Einheit doch für die Poesie brauchte, nicht durch die erste Hand des Geistes, sondern durch die zweite Hand der Gesinnung empfing. Darum sollte mich ein Versuch Wunder nehmen, aus Schillers Werken eine Harmonie seiner Grundsätze über das Leben und die Welt, eine Konkordanz der Dinge im Himmel und auf Erden zusammenzustellen. Im ganzen Schiller liegen zahllose Sentenzen, aber kaum eine einzige Maxime. Aus diesen Jamben philosophier' ich mir noch kein Leben zusammen und kann aus dem, was sie verbieten, nimmermehr auf das schließen, was sie erlauben. Ich leugne etwas sehr Prägnantes im Schillerschen Charakter nicht, denn seine objektive Leerheit mußte er durch eine subjektiv-edle Leidenschaft ersetzen; aber er ist ein Charakter ohne Philosophie.

Wenn man von Goethes Immoralität spricht, so soll man bedenken, daß es sich hier um drei Abstufungen handelt. Erstens um Tugenden, welche für die Kunst eine besondere Zurichtung verlangen, zweitens um Tugenden, welche für den größeren und geringeren Wert des Menschen indifferent sind, weil sie sich nach Alter, Stand und Situationen richten und weil manches sehr männlich sein kann, was dem Weibe sehr übel stehen würde, und zuletzt endlich um Tugenden, die für nichts in der Welt umgangen werden dürfen und die ich in Goethes Werken auch nirgends umgangen finde.

Zu diesen gehört z.B. die Ehre. Keine der Goetheschen Gestalten ist über diesen Punkt empfindungslos. Ferner der Stolz; selbst in Wilhelm Meister siedet und kocht Stolz, und nur seine Bildungsmanie, die Goethe mit klassischer Ironie behandelt, verleitet ihn, sich Regionen anzuschließen, für die er nicht geboren war. Werther erduldet die Zurücksetzung in der Residenz mit Ingrimm, aus Stolz, aus Stolz über seinen bürgerlichen Namen; er verachtet die Aristokratie und flieht aufs Land, um dort seinen Tod zu finden.

Und um den Übergang zu seinen Tugenden zu machen, deren Mangel Goethen besonders angerechnet wird, zur Religion u.s.w., so ist die Brücke dort hinüber noch immer ein Fehler, der etwas ungemein Männliches und Schönes hat, nämlich, daß Goethe die Reue nicht kennt.

Der ganze Widerspruch zweier Meinungen, die in der Beurteilung unseres großen Dichters so verschiedene Resultate geben, wendet sich um eine Tugend, die im Grund schon mehr passive Empfindung, als ein aktiver Besitz ist. Die einen beten die Gottheit des Momentes an, die sie so oder so bestimmte und inspirierte; die andern beziehen alles auf ein Gesetz, das außer ihnen liegen soll und von dem sie bald mehr bald weniger ergriffen zu sein behaupten. Jene stehen gut für sich, sind zum Handeln geneigt und irren sich oft; diese zögern und treffen, da sie zu sich selbst kein Vertrauen haben, oft aus der Höhe auf das Richtigere. Von jenen Ersten wurde die Geschichte gemacht, von diesen die Religion. Jene legen in die Entwickelungsfurchen der Menschheit höchst fruchtbare Saatkörner; diese aber ziehen den Frieden und die Gnade Gottes nach sich, und wenn jener Same durch ein Ungewitter weggeschwemmt oder seine Frucht von einem Sturme geknickt wird, so besitzen sie Trost genug für die getäuschte Menschheit. Indem so von jenen das Licht, und von diesen die Wärme strömt, ergänzen sie sich auf wunderbare Art, und würden sich selbst durch ihre Verschiedenheit erquicken, wenn sie nicht immer in das Extrem verfielen und sich wechselsweise ausschlössen.

Alle Handlungen und Meinungen Goethes beziehen sich darauf, daß er diejenige Philosophie adoptiert hatte, welche, mehr antik als christlich, keine Reue kannte. Hier war ein Charakter, den das Vertrauen auf seinen Instinkt zum Handeln beseelte und der zu stolz war, von seinen Handlungen etwas zurückzunehmen, selbst wenn der Erfolg dem Anfang nicht entsprach oder sich wohl gar das Motiv bei einer später über den Fall erweiterten Dialektik nur mit Schwierigkeit verteidigen ließ, selbst vor der Moral. Goethe glaubte an eine augenblickliche Eingebung, die ja als poetische Inspiration recht lebhaft zu ihm sprechen mußte, selbst wenn vieles um ihn her erschrickt; ihren Konsequenzen mutig nachzuhängen schien ihm einer Offenbarung angemessen, die er für göttlich hielt. Goethe war außerdem, daß er ein Genie war, ein zu großer Künstler, als daß er zu gleicher Zeit diesen Moment des Erschreckens um ihn her nicht hätte mildern sollen; und erst von dieser Seite an, wo er etwas tat, was eine Erleichterung für seinen unbefangenen und deshalb anstößigen Genius war, beginnt der Widerspruch derer, welche, ich wette, zwar auch nicht erschrocken sind, es aber merkten, daß man hätte erschrekken sollen. Was Milderung des Schreckens war, nannte man Verführung, und eine Absicht, ein Raffinement ward aus dem, was zunächst nichts anders ist als das erwachende Gewissen des Dichters, der über das schlummernde, aber göttlich phantasierende und träumende Gewissen des Menschen mildernde, versöhnende und die Augen um Verzeihung bittende Blumen wirft. Wo man glaubt, daß Goethes Unsittlichkeit beginnt, da hört sie eben auf. Wo man sagt, daß diese rosengekränzten Amoretten locken sollen, da sollen sie verscheuchen und Eure Runzeln glatt ziehen zur Vergebung!

Goethe hat es niemals darauf angelegt, eine zweideutige Situation zu entwickeln; sondern will man einmal eine ethische Idee mit poetischer Dialektik behandeln, so wird sie auch immer zwischen Scylla und Charybdis hindurchsegeln müssen. Man spricht von den Situationen, ja sogar von der Idee der Wahlverwandtschaften, nie von einer moralischen Inkonvenienz; aber ihr Ziel ist doch nimmermehr seine mystische Verwechslung eines Gatten und eines Liebhabers gewesen; nimmermehr sind alle Vorbereitungen des Endes im Romane gemacht worden, um jene Szene malen zu können oder am Schluß des Buches einen Schreck über die Vergleichung von Poesie und Wirklichkeit zu erzeugen, der uns nicht in die Beine ginge, um davor zu fliehen, wohl aber in die Arme, um darnach zu handeln; sondern Goethe hatte eine poetische Idee, eine Abstraktion aus der Naturwissenschaft über die Gesetze der moralischen Attraktion und Repulsion und über die Erzeugung des Entgegengesetzten, die er durchführen wollte, und wo er wohl erst am Schlusse und zu gleicher Zeit mit dem Leser über den Widerspruch zwischen der Poesie und den Institutionen der Gesellschaft erschrak.

Nur mit vieler Vorsicht darf man zugestehen, daß Goethes weitbauschige Moral und die poetischen Rosen, die auf seinem Lebensweine schwimmen, etwas dem Zeitalter Angehöriges waren.

Denn wenn die Verkleinerer des Dichters auch wohl zugeben möchten, daß ein so duldsames Zeitalter ein großes Glück ist, so würden sie doch eher geneigt sein, aus dieser Assertion zu schließen, daß Goethe von seiner Zeit lebte, daß sie ihn schuf und daß er, das Geschöpft, dem Schöpfer schmeichelte.

Man hatte Goethe zu einem Produkt der Zeit gemacht, in dem Sinne, daß die Zeit mit seinem Talente wie eine Kokette mit dem freien Willen ihres Anbeters gespielt hätte und der Dichter gelaufen wäre, das herunterfallende Strickknäuel indifferenter, gleichgültiger, launischer Perioden aufzuheben. Goethe ist vorzugsweise deshalb als der Dichter des Modernen angegriffen worden, weil er die Unterwürfigkeit gegen die Launen des Publikums aufgebracht und begünstigt hätte. Wenn gegen diese Paradoxie sich schon von selbst der erste Blick, den man auf die Literaturgeschichte wirft, einwendet und man im Gegenteil eine entschiedene Verachtung der Masse und des Lesepöbels bei den Dichtern der klassischen Periode, Wieland vielleicht ausgenommen, findet, so ist auch Goethes keineswegs von mir bestrittene Verzweigung in die Zeit eine organische Notwendigkeit, die seinem Ruhme nur eine neue Begründung gibt. Es ist wahr, Goethe wandte sich allem zu, was auf seine Zeitgenossen spekulierte, und er verfolgte gern eine neue Richtung, von der es etwas zu lernen gab, und sollte es nur die Scansion des Hexameters sein, die Voß in Weimar wie ein Wundertäter lehrte. Es ist erstaunlich, mit welcher Hast Goethe noch in den besten Jahren des vorigen Jahrhunderts über die Osteologie herfiel, die mit vielem Glücke von Forster, Camper, Loder, Sömmering, Merck damals auf die Geschichte der Natur angewandt wurde. Aber diese naive Neugier und Hingebung an den Moment war geregelt durch einen Rückhalt, der schwer von der Stelle zu bringen war und nie von ihr gebracht ist, von Goethes ganzem Charakter. Wer kann sagen, daß Goethe nicht über seiner Zeit gestanden hätte? Aber er benützte seine Zeit als Stoff und verbrauchte sie, um seine Individualität zu arrondieren, in einer Weise, die seit Menschengedenken alle großen Charaktere gemein hatten. Wenn Schiller auf die Kantische Philosophie stürzte, was lag wohl hinter ihm? auf welche liegenden und zureichenden Gründe konnte er sich wohl zurückziehen? Gewiß Schiller ging in den Stoffen, denen er sich hingab, gänzlich auf, der Stoff verschlang ihn und warf ihn dann so umgestaltet wieder heraus, daß man bei ihm immer von Zeit zu Zeit den Faden der Beurteilung verlor. Als Schiller an seine Vorarbeiten zur Abhandlung über das Erhabene ging, wie wenig lag schon in seinem Kopfe fertig! System und Gedanke bildeten sich bei ihm erst, indem er lernte und er sich aus der Verschiedenheit der fremden Meinungen eine eigne schuf.

Genie und Talent werden wohl am besten so unterschieden, daß jenes auf die Erfindung und dieses auf die Nachahmung bezogen wird. Das Talent hat aber darin fast immer einen Vorsprung vor dem Genie, daß jenes ausdauert, dieses oft verpufft. Denn nicht jeder Wurf des Genies gelingt, während das Talent nie etwas produziert, das nicht seine regelrechte, gezirkelte Abrundung hätte. Ein Genie kann zu Grunde gehen vor der Reife, es kann alle Dinge mit einem göttlichen und großen Hiatus anfangen und von allen zurückgeschleudert werden, während das Talent auf berechneten Wegen zum Ziele kommt und durch ein Zusammennehmen aller der Mittel, die ihm zu Gebote stehen, immer etwas erreicht, das ziemlich vollkommen dasjenige, was er erreichen wollte, wieder gibt. Diese Erscheinung erklärt sich daher, daß das Talent sich nicht in einzelne Tugenden auflöst, das Genie aber durch eine innere Unruhe vom einen zum andern gezogen wird und trotz seiner großartigen Einheit sich noch immer in schwächere oder stärkere Mannigfaltigkeiten auflösen kann. Das Talent ist Anlage und Befähigung, und auf wie viele Geistesgaben es sich auch erstrecken mag, es wird in sich immer Eins sein; denn ein absolutes Talent ist aller Dinge fähig, die durch Nachahmung erreicht werden können. Ein absolutes Talent kommt immer auf einen gewissen Vollendungsgrad, gleichviel ob es die Flöte oder das Waldhorn bläst, ob es Mathematik oder Philosophie studiert, ob es Jurist oder Arzt wird. Ein absolutes Talent arbeitet in allen Fächern und setzt sich, wenn es sein Hauptgeschäft beendigt hat, des Abends in einer kurzen Jacke hin und arbeitet in Pappe, oder drechselt, oder spielt die Bratsche. Das Talent hat in seiner Einheit Vielheit oder Allheit, das Genie jedoch in seiner Einheit nur Mannigfaltigkeit. Es kann Dinge geben, für welche dem Genie der Kopf vernagelt ist, wie Goethen z.B. die Philosophie, so daß der genialste Mathematiker in einem Konzertsaale keinen Musikton hört, sondern nur in den Kreisen und Quadraten studiert, welche auf dem Plafond des Saales in Stuck gearbeitet sind. Weil das Genie erfindet, so wird es in seinen Tätigkeiten absorbiert und muß, um sich vor seiner innern Unruhe und dem verzehrenden Drange der Schöpfung zu retten, eine Gegenwehr zu erobern suchen, die ihm den göttlichen Funken sowohl erhalte, als ihn für die leicht entzündbare und bald verkohlte Phantasie weniger gefährlich mache. Goethe fand diese Gegenwehr in einer Hauptmaxime seines Lebens und seiner Kunst, der Beschränkung.

Goethes Vielheit war keine Allheit. Man übersah diesen

Umstand und wollte im Dichter nicht das Genie, sondern nur das Talent gelten lassen. Man hat vom Genie immer nur die Vorstellung des Kometen, der mit unregelmäßiger Bahn am Horizont heraufzieht, mit seinem feurigen Schweife den Gestirnen um die Ohren klatscht und so schnell wieder verschwindet, wie jenes außerordentliche Meteor. Alles, was einen Augenblick überrascht und sich dann erschöpft hat, pflegen wir genial zu nennen, in Künsten und Wissenschaften. Das Geniale soll weder Toilette machen, noch sich konservieren, es muß unsern Begriffen zufolge schon früh graues Haar bekommen und entweder mit dem Trunke oder dem Tollhause oder dem Selbstmorde enden. Goethe sah es in der aufgeregten Zeit, in der er lebte, um sich, wie sich in der Tat die deutschen Genies zu entwikkeln pflegten, und machte die Sophrosyne zum Präservativ gegen frühe Verpuffung. Des Genialen sich tief bewußt, nahm er eine nüchterne Eigenschaft des Talentes zu sich herüber, den Takt, und brachte in die gährend Masse seines Innern früh eine versöhnende, mildernde und zurückhaltende Neutralisation. Mit dem Salze des Taktes machte er seinen Vorrat an Genie dauerbar und erhielt sich bis auf den letzten Lebensmoment wenigstens in Anschauungen, Begriffen, wenn auch weniger in der Produktion selbst, die jugendliche, ursprüngliche Frische. Man nennt Goethes Philosophie egoistisch: ja, verbindet diesen Egoismus der Selbsterhaltung mit seinem Genie, und man wird begreifen, warum sein Genie die Physiognomie des Talentes hatte.

Talent ist Form, Genie Stoff. Jenes steigert sich in der Anwendung; dieses kann verbraucht und muß ökonomisiert werden. Keiner der großen Geister vorangegangener Literaturen, die sich in großen Produktionen dem Gedächtnisse der Nachwelt erhalten haben, von griechischen, spanischen und englischen Männern, ist so bewußt- und taktlos gewesen, so wenig berechnet und verständig, wie man sich gewöhnlich das Genie vorzustellen pflegt. Ganz abgesehen von Pindar, von dem der Uneingeweihte kaum ahnet, daß sein dithyrambisch-ekstatischer Schwung das Produkt einer höchst vorsichtigen, gemessenen, berechneten und logisch disponierten Ausführung ist; so existieren von dem Genie des Sophokles, wie von einem talentvollen Vielschreiber, hundert Tragödien. Die Griechen hatten auch ihre genialen Ephemeren, ihre Lenze und Klinger, z.B. einen Stesichorus und andere episch-lyrische Dichter, von denen uns die Zeit nur wenige Bruchstücke übrig ließ, und deren Originalität, so ausgezeichnet sie war, ihnen dennoch nicht die Dauer sicherte. Sie zerplatzten wie bunte Seifenblasen. Und weil Shakespeare dauerte, sollte er deshalb weniger originell sein? wo ihm Mitteilung oder Lektüre eine hübsche Sage zutrug, schnitt er sie für sein poetisches Ideal zurecht und wird als ein Meister verehrt, selbst indem er seine Stoffe von andern entlieh. Hier ist etwas von Handwerk, und wer würde sagen, daß das Genie fehlt?

Das Geniale muß also in der Tat immer erst da beginnen, wo die Ausführung des Dichters beginnt, und der göttliche Funke kann auch etwas sein, das in ihm wohnt, ohne ihn stündlich hinzureißen, das sich sogar einschließen, bewahren und für den vorkommenden Fall in Arbeit setzen läßt. Goethe griff nach allem, dem er eine eigentümliche, d.h. die gehörige Gestaltung, zu geben wußte, und war weit entfernt von jener Gewissenhaftigkeit des Talentes, jedes Ding in allen seinen Notwendigkeiten zu erschöpfen und es über die bloße Skizze in ein vollkommenes Gemälde hinüberzuführen. Mit den Gegenständen der Kunst kann nur derjenige spielen, welcher ihnen gewachsen ist. Das Talent wird jeden Vorteil wahrnehmen und einen Besitz, den es erhaschen kann, nicht anders als in ganzer Vollständigkeit machen. Das Genie, seiner Zulänglichkeit sich bewußt, läßt die Dinge an sich kommen und ist sorglos genug, daß es oft vom Talent übertroffen wird. Das Talent zeigt sich immer nur in seiner Anwendung; das Genie ist etwas Solidarisches, wo eine ausströmende einzelne Anwendung, wenn sie einmal nicht gelingt, doch niemals bewirkt, daß das Ganze, was daheim bleibt, dafür verantwortlich gemacht wird oder im entgegengesetzten Falle dem Ganzen etwas genommen scheint. So will ich einem jeden überlassen, diese Parallele noch weiter durchzuführen und sich über Goethe der Ansicht zu nähern, welche wir noch weiter entwikkeln werden.

Es soll denn auch gar nicht verschwiegen werden, daß die Opposition gegen Goethe sich aus einer Tatsache im menschlichen Gemüte herschrieb. Wir sind selten geneigt, dasjenige auch nur liebenswürdig zu finden, was von Menschen, die wir hassen, angebetet wird. So kam es, daß in der Bewunderung Goethes die Wärme der einen die Wärme der anderen erkaltete.

Goethe fand eine Menschenklasse, die mir, weil sie dem Genie unentbehrlich ist, eine providentielle Bedeutung zu haben scheint. Das arme Genie, wenn es allein steht! Was sollen die großen Gedanken, wenn sie nur begaffte und unentzifferte Pyramiden sind! jeder Prophet muß seinen Apostel, jedes Genie seinen Lustigmacher haben. Der Enthusiasmus übernimmt für die Rechnung des großen Hauses sein kleines lobpreisendes Detailgeschäft. Es zeigt auf die Firma seines Gottes und bringt dessen Gold und Silber als Scheidemünze unter die Leute. Die Sprache der Götter und der Menschen muß durch Dolmetscher vermittelt, das Genie muß erklärt, auseinandergesetzt und mit Beispielen belegt werden.

Kant und Goethe haben in Deutschland die meisten Ausleger gefunden. Zahllose Zwerge kamen, welche sich aus dem Rockärmel dieser Riesen vollständige Kleider schnitten. Kant und Goethe unterscheiden sich in dieser Rücksicht nur so, daß jener vervollständigt und popularisiert, dieser hingegen ausgelegt und ins Wunderbare hinaus mißdeutet wurde. In Norddeutschland wurde Goethe zu einem System erhoben, und Herr Schubarth ist in der Tat ein recht geschickt ausgebauter Flügel desselben. Was wir oben von Goethe behauptet haben, daß sich ein ganzes Leben nach ihm einrichten ließe, bewährte sich hier. Herr Schubarth lebte und webte in Goethe; er war die Wahrheit, die ihn frei gemacht hatte, und sein Jünger würde sich nie zu einer Handlung bekannt haben ohne den Calcul, was Goethe in diesem Falle denken oder tun würde. Es war ein sonderbarer Widerspruch, daß Herr Schubarth die Hegelsche Philosophie angriff, die es doch ihrerseits an enthusiastischen Beziehungen zu Goethe nicht fehlen ließ. Möchte man nicht verführt werden, hier an Eifersucht der Liebe zu denken? In der Tat, es kam Goethen ein Wettstreit der Huldigung entgegen, von dem man nur wünschen möchte, daß er weniger exklusiv gewesen wäre. Die Verketzerung solcher, welche nur selten im Tempel erschienen, um anzubeten, regte deren Unmut auf, und sie gingen hin, die Fahnen der in Süddeutschland aufgesteckten unmittelbaren Rebellion gegen Goethe zu vermehren, wenn ihnen auch wohl sonst die von einem Menzel dabei gerührte große Trommel fatal war.

Seit wenigen Jahren haben sich große Veränderungen zugetragen. Die statt Goethe empfohlenen Namen Tieck, Jean Paul und sonst die ganze romantische Schule, gewährten keine Muster für den Fortschritt derjenigen Geister, welche an die Möglichkeit einer neuen Literaturschöpfung für Deutschland glauben. Man mußte auf dasjenige zurückkommen, was befruchtet. Es mußte ein Grab nicht nur vor Hyänen, die verwesende Leichen witterten, geschützt, sondern auch an dem alten lebendigen Gedächtnis unsers großen Dichters mußten diejenigen Gesetze der Kunst, diejenigen Tatsachen der Literatur entwickelt werden, welche Saatkörner der Zukunft sind. Ein ins Meer versunkenes Schloß taucht wieder auf und wird Pharus in der hyperboreischen Nacht. Selbst wo uns Goethe keine Resultate gibt, regt er die Dialektik an und kann durch das, was er nicht gerade selber arbeitet, sondern nur zuläßt, für die sich in Deutschland einleitenden Diskussionen dasjenige werden, was Aristoteles dem Mittelalter war. Denn auch Aristoteles wurde für Dinge angewandt, die er nicht gekannt hatte, und diente als Berufung für Philosopheme, wofür sich in seinen Schriften nur die Prinzipien finden.

II.

Vor einiger Zeit versuchte Görres eine Genealogie Goethes, welche von der in den Taufbüchern der Frankfurter Kirchen notierten sehr verschieden war.

Görres teilt die Menschen in zwei große Feldlager ein; hüben die Genialen, drüben die Philister; und fährt dann fort: ein Fürst der Genialen, ein im Himmel apanagierter Prinz soll es gewesen sein, der sich zu einer Tochter der Erde herabließ, zu einem Aschenbrödel, ein Gott zu einer Bajadere. Mit dieser habe er in unrechter Ehe Wolfgang Goethe gezeugt.

Umgekehrt scheint es, daß man das an Goethe Prosaische, Untergeordnete, oder Bedenkliche vielmehr auf Rechnung seines Vaters setzen muß. Von Seiten der Mutter wird dem Menschen nie etwas Untergeordnetes angeboren.

Wenn Goethes Poesie durch einen Fehltritt entstand, so verirrte sich eine Fee des Himmels mit einem jungen, servilen Pagen. Dieses Umganges Frucht war ein junger, verschämter, mädchenhafter Gärtnerbursche, der am Hofe seiner Mutter lebt; ein junger Mann mit viel besorglichen Rücksichten, aber voll des naivsten Mutterwitzes, der die herrlichsten poetischen Schwingen bekömmt, wenn seine Prinzessin Mutter in seidenen Gewändern an ihm vorüber rauscht, ihn mit wunderbarer Zärtlichkeit anblickt und den duftenden Blumenstrauß empfängt, den er ihr höflich darbietet. Verliebt sich nun Goethe sogar in seine Mutter, als Oedipus in Jokasten, so wüßt' ich nichts, was das Eigentümliche Goethischer Lizenz über Sitte und Moral vollkommener charakterisieren könnte.

So ist Goethes Auftreten in allen bürgerlichen Beziehungen resignierend, bedächtig und die sozialen Abstände ermessend. Ist es doch, als lehnte er sich gleichsam an seine eigene heroische Gestalt, die Arme auf den Rücken zurückgelegt, freilich imponierend, aber weniger durch das, was er bei andern an freier Bewegung hinderte, als durch das, was er ihr zu gestatten schien. Seine Erscheinung vernichtete durch die Rolle, die man übernehmen, durchführen und tüchtig spielen mußte, um nicht ganz in seinen Schatten zu fallen.

Das Haus und die Familie, die stille Sittlichkeit und Naivetät der bescheidenen Existenz, ja sogar Blödigkeit, wenn ihr die Erziehung nicht einige Haltung gegeben hätte, waren an Goethe das Nächste. Doch hier begannen schon seine dichterischen Übergänge in andere Sphären. Aus der Beschränkung kleiner Kreise spann sich Goethes poetischer Faden hervor, aus dem Rocken an der schnurrenden Spindel, aus dem Leib der behäbig sich schmiegenden Katze, kurz aus echtdeutschen Elementen, wie sie im Götz, im Faust, im Egmont zu so meisterhaften und unsere Herzen magnetisierenden Geweben sich zusammenfügen.*

---

* Die Poesie bildete sich hier sogleich mit einer Maxime. Der Übergang von den Erinnerungen an den mütterlichen Ursprung und dem Hause und der von Goethe ziemlich kalt aufgeworfenen Frage: Was ist das Vaterland? ergab sich bald. Goethe leugnete das Schöne und Herrliche in den Bardentendenzen Klopstocks und Sineds gewiß nicht; im Gegenteil tadelte er seine Zeitgenossen, daß sie lieber auf französische Flittern blickten, als auf jene goldenen Harfen, welche die ermüdenden großen Sänger in Deutschland aufgehängt hätten, aber er las ein Buch von Sonnenfels über die Liebe zum Vaterland und fand es sehr lächerlich. Er gestand offen, eine Erziehung zum krassen Patriotismus der Römer läge nur im Interesse gefahrvoller Zeiten und könnte, zum absoluten Gesetze erhoben, den Ruin aller Zivilisation herbeiführen. Das Schlechteste, worauf sich in der Tat eine Nation gegen die andere berufen kann, ist der bloße Patriotismus. Ein unbeholfener und deutscher

Die Familie, das Häusliche, ja sogar das Philisterhaftdeutsche ist der Leib, aus welchem die höhere Psyche der Goethischen Lebensanschauung emporsteigt. Es ist ein Winken nach einem fernen Heimatlande, ein süßes Locken aus den Grotten der Natur und dem Empyreum des Geistes, es ist der rauschend vorüberklingende Moment, als die Götter über die Geburt eines Genies zu Rate gingen. Und der Auserwählteste der Sterblichen schwebt dem geheimnisvollen Winken nach, mit den rauschend entfalteten Schwingen der Poesie, die Pforten des Himmels öffnen sich und werfen die glänzenden Lichtströme der Sonne in ein Auge, das nicht erblindet, da es Verwandtes sieht. Jetzt ist Goethe der freie Göttersohn des Himmels und schreitet stolz und keck durch eine Welt, die ihm Spielzeug ist. Titanenideen ergreifen sein Hirn, während er durch die Wälder und Berge streift, die Sprache wirft den Reim von sich, seine Einfälle sind erhaben, wahnsinnig, humoristisch, bis sich an dem Versuche einen Prometheus zu dichten endlich die wogende und schäumende Welle bricht und in dem Moment, wo der fiebernde Trotz des Genies, Krankheit wird, die rotwangige besonnene und vom Vater geerbte Gesundheit der transzendentalen Krisis zu Hülfe kommt; dann genas er allmählich in einer Mäßigung, in-

---

*Fortsetzung Fußnote **

Bär entschuldigt seine Verstöße gegen den Anstand sehr schlecht, wenn er brüsk sich umwendet und an seine Lenden schlägt, die von Thuiskon stammen. Sagte nicht Themistokles schon, das Liebenswerte sei niemals die Scholle des Landes, sondern treffliche Institutionen? Goethe fürchtete, daß durch Schriften, wie die von Sonnenfels, die Leerheit der Köpfe mit einem Lärm angefüllt würde, den tüchtigere Dinge, und besonders die Erkenntnis der eigenen Oberflächlichkeit, hätten ersetzen sollen. Er philosophierte mit Recht, daß man in Zeiten der Ruhe die Erziehung, statt an den Nationalhaß und den patriotischen Spektakel, an die Familie und die Bildung im Schoße der Guten und Edeln anknüpfen müsse.

nerlich gesund, doch noch im Auge die Spur des Unheimlichen tragend, bis er zuletzt mit frischgesammelter und die Erinnerung des ganzen Himmels in sich tragender Kraft den Faust schuf. Prometheus in der Anlage, die uns fragmentarisch erhalten ist, konnte ein Titanendrama werden, das auf Deutschland vielleicht gräßlicher gewirkt hätte, als Werthers Leiden; aber wir hätten mit ihm auch den Dichter verloren. Denn die Idee dieses Prometheus ließ sich nur mit einer Einseitigkeit durchführen, die derjenige haben muß, welcher seine Rechnung mit dem Leben und seiner Wirtin abschließt, das letzte Geld und die Uhr auf den Tisch legt und unangenehm zu enden weiß. Goethe hat sich Zeit seines Lebens von der Prometheusfabel nicht erholen können. Sie spukte in allerlei Formen wieder in ihm durch, aber die Zurückhaltung der Leidenschaft erkältete zuletzt die Auffassung.

Geh vom Häuslichen aus und verbreite dich, so du kannst, über alle Welt! Hiemit bezeichnete Goethe selbst den Weg, den seine Poesie zu ihren Zielen nahm. Es ist die eigentliche Zauberformel, welche ein ganzes dichterisches Geheimnis erschließt.

Sie war das Symbol des Goethischen Lebens in auf- wie in absteigender Linie. Aus beschränkter Sphäre hinaus sich drängend wurde seine Sehnsucht schnell ein poetisches Bild, das seinen Schritten voranschwebte und ihn lockte und Berge und Täler vergessen ließ, die er durchwandert, um die in immer schöneren Farben und deutlicheren Umrissen sich malende Anschauung einzufangen. Jeder Anfang in Goethe war harmlos und vom nächsten ausgehend. Ja er versprach in erster Jugend so wenig, daß er selbst von Herder in Straßburg, der schon Standpunkte, Übersichten und Allgemeinheiten gewonnen hatte, für linkisch in der Auffassung und Schönheitsbeurteilung angesehen wurde.

Goethes poetische Entwicklung war ein träumerisches Ausspinnen seiner häuslichen Zustände und primitiven Eindrücke und so hinaus über die Vorurteile, Gesetze, Sitten hinweg, bis in die Alpen-Regionen des freien Gedankens und der dichterischen Wahrheit. Ein rüstiger Wanderer, zieht er von seiner Heimat aus und lernet Schönheit, zurückblickend in ein sonniges vom gelben Strom durchschlängeltes Tal, fern der blaue Rand der Gebirge, die unvollendete Kuppel des Domes, und doch ergänzt und vollkommen, gleichsam durch ihre Herrschaft über das, was unter ihr liegt, ein rauschendes Treiben, das der Dichterjüngling verlassen kann, ohne aufzuhören es zu lieben. Dies war für Goethe entscheidend, denn jeder andere Genius, pflegt die Metamorphosen seines Dichtens und Lebens in sich wechselseitig zu zerstören und nicht selten auf das, was er heute war, morgen, wie schon auf das Unwürdigste zurückzublicken. Goethe gab seine primitive Anschauung niemals auf, sein häusliches Vermächtnis, das Stilleben der bescheidenen Existenz, auf welches er sich immer wieder zurückziehen konnte, wie ein industrieller Spekulant nach großen Gewinnen oder Verlusten auf seine liegenden und für ein würdiges Dasein immer zureichenden Gründe.

Will man Goethes Steigen aus der Häuslichkeit zur Verbreitung über alle Welt mit einem Bilde vergleichen, das ihm ganz besonders gegenwärtig war; so nehme man seine Wanderung nach Erwins Grabe, eine Besteigung des Straßburger Münsters, wo er auf jeder einzelnen Station inne hielt und ein Gebet des vom Schöpfergeist durchdrungenen Dichters an den großen Meister des Baues richtete. Auf der letzten Platte blickte er in die sonnige Ebene des gesegneten Landes, weit hinaus in die blauen Ahnungen der Schweiz und heimatlich gen Speier und Worms; das Herz frohlockte der unermeßlichen Augenweide und schmiegte sich dankend an das, was ihn auf diesen so wunderbar erhöhten Gipfel trug, an die Kunst, und wie ein Seher seiner eigenen Zukunft schrieb er den bedeutungsvollen Spruch, daß alle Poesie innere, individuelle Keimkraft ist und ein dem Genius sich von selber gebendes Anschwellen der Gefühle für Maß und Verhältnis.

Die absteigende Bewegung fehlte bei Goethe nicht, und in neuerer Zeit ist sie sogar mehr besprochen worden wie die aufsteigende. Hatte Goethe einmal in dem Allgemeinen vergeblich getastet, dann zog er zur rechten Stunde behutsam seine Fühlfäden zurück. Er verspätete sich niemals beim Ideale oder genoß die Umarmungen der Phantasie länger, als der Mond am Himmel stand. Hatte er gegen die Prosa einen poetischen Feldzug geführt, so zog er es doch vor, was die Winterquartiere betraf, sie lieber in der Prosa selbst zu nehmen. Wer ihm hieraus einen Vorwurf macht, was betrachtet der? Nur das Ziel, nicht den Gang selbst.

Wenn Goethe aus der Poesie herabsteigt, so flüchtet er sich nicht in die Familie, sondern er sucht sie zu produzieren. Nicht die Prosa beginnt jetzt, sondern die Philosophie. Die Produktion der Familie ist das Himmelszeichen, durch welches die Wintersonne Goethes schreitet. Mißgunst der Zeiten, Unbehaglichkeit der öffentlichen Meinung, getäuschte Berechnung historischer Ereignisse drängten ihn aus idealischen Anschauungen heraus und bannten ihn in einen engen Kreis, den er unter Sturm und Ungewitter, als das letzte zu retten suchte. Die heiligen Begriffe, welche Goethe mit der Familie verband, verscheuchen den Gedanken an die winterliche Bequemlichkeit eines warmen Ofens, die ein Ermüdeter oder Träger gesucht hätte. Die Familie war Goethen, von allem menschlichen Dasein, wie Jean Paul sagen würde, die Essigmutter, das Saatkorn und die

Garantie jeder andern möglichen Entwickelung im Politischen und Nationalen. Alle spätere Poesie unseres Dichters, ist von diesen Vorstellungen über die Produktion der Familie ergriffen. Bezüge des Anstandes, Zurückhaltungen mancherlei Art, mischen sich in die leidenschaftlichen Motive; aus der Geselligkeit entsteht die Gewohnheit, aus der Gewohnheit das Wohlwollen, aus dem Wohlwollen die Neigung, aus der Neigung die Liebe und aus ihr freilich genährt durch die lange konventionelle Zurückhaltung, zuletzt die glühendste Leidenschaft. Ob Goethe positiv oder negativ verfuhr, ob er uns in späteren Jahren eben so übermäßig vorbereitete, wie er in seiner Jugend durch die plötzlichen Schläge uns überraschte; immer blieb das Resultat etwas, das uns blendete, weil es alles für sich hatte, alles in der Wahrheit und Schönheit.

Fanden wir somit im Häuslichen die genetische Grundlage der Goethischen Dichtungsweise; so können wir selbst die Entwickelung fernerer Originalitäten unseres Dichters an dies familiäre Prinzip anknüpfen. Wir werden finden, daß, wenn wir selbst über die ersten Prämissen einer literarhistorischen Kritik, über die Sprache und die Gelegenheit seiner Dichtungen sprechen, besonders aber die lyrische Empfindung Goethes zergliedern; daß sich alle unsere Urteile hierüber an die eben angeleitete Betrachtung unmittelbar anreihen können.

Eine Geschichte des Goethischen Stiles ist leider erschwert, durch die Diskretion gegen andere oder die Furcht gegen sich selbst, welche Goethen bestimmte, alle aus seiner Entwickelungsperiode herstammenden Briefe zu vernichten. Diese Korrespondenz ist nicht das Geringste, was die deutsche Literatur seit jener Epoche, wo mit Goethen eine Veränderung vorging, die ihm all seinen Freunden unerklärlich machte, an dem Dichter verloren hat. Veranlassung zur Vernichtung sieht man weniger, als Entschuldigung. Ich glaube die letztern in der Koketterie zu finden, welche die damalige Zeit mit sich selber trieb; in den Lavatereien, wo die flachsten Menschen auf den Gedanken kamen, sich für physiognomische Bedeutsamkeiten zu halten. Diese Richtung haßte Goethe und persiflierte die Süßlichkeit des einreißenden Tones, die wechselseitigen Liebesversicherungen einander sich wildfremder Menschen um so lieber, als er sich selbst eine große Schuld an diesem empfindsamen Modetone durch seinen Werther beimessen durfte. Ich sage nicht, daß Goethe sich vor den Schwärmereien seiner verloren gegangenen Korrespondenz fürchtete, aber er nahm ein Ärgernis an dieser Selbstbespiegelungsseuche, die in eine wahre Apotheose alles Unbedeutenden ausarten zu wollen schien. Aus diesem Grund vernichtete er seine Korrespondenz, und wir haben an dieser Übereilung eben so sehr den Verlust literarhistorischer Tatsachen, wie biographischer Handhaben für Goethes Entwicklung selbst zu beklagen.

Die kleinen Billete Goethes, welche in dem neulich erschienen Briefwechsel Mercks mitgeteilt sind, charakterisieren unseres Dichters stilistische Eigentümlichkeiten bis ins Komische so grell. Goethes heimische Sprache ist kurz, abgerissen, ohne Verbindungen, durchaus das lebhafte Produkt, eines in sicherer Familie auf festem Fuße gebildeten Willens. Der Ton ist naiv befehlend, herzlich bis zur Vertraulichkeit und immer hastig wie ein Dialog. Das meiste in dem, was gesagt wird, soll sich gleichsam schon von selbst verstehen, und man sieht die Ungeduld hervorbrechen, daß man nicht schon am Auge wahrnimmt, was zu sagen der Mund sich erst so weitläuftig in Bewegung setzen muß. Dann hilft sich die Lebhaftigkeit und Ungeduld, um die Auseinandersetzung zu vermeiden, gewöhnlich mit Sprichwörtern, die das Gespräch immer objektiv, immer im Zusammenhange mit der gesunden Vernunft und dem, was gar nicht anders sein kann und was ja jedermann gleich einsehen müsse, zu erhalten suchen. Ein solcher Stil widerspricht immer, erwartet aber selbst keinen Widerspruch.

Als man Goethen in Leipzig, wegen seiner unmeißnerischen Art zu sprechen, auslachte, glaubte er sich durch seine oberdeutsche Nationalität entschuldigen zu können; auch in Dichtung und Wahrheit hat er über seine Spruchrede recht hübsche Anmerkungen gemacht; allein ich glaube, was er auf die Nationalität schiebt, ist grade durch sein Familienprinzip und besonders durch die Lokalität seiner Erziehung zu erklären. Noch heute wiederholt sich in Frankfurt, was Goethe an sich erlebte. Eine so eng zusammengerückte wohlhabende Gemeinsamkeit, wie sie Frankfurt darbietet, hebt das jugendliche Bewußtsein früh aus seiner unbestimmten Dämmerung heraus. Die mannigfachen auf Gewerb und Vermögen sehr einflußreichen Verwandtschaften treiben die Kinder bald in den Vordergrund und zwingen ihnen bei Zeiten eine Reife auf, welche den Jahren zuvorkommt. Von allen Seiten sind zwar die Schranken sehr nahe gezogen, doch herrscht in ihnen die Frucht des Reichtums, eine gar löbliche Freiheit, begünstigt durch das erfreuliche Gefühl der Eltern und Verwandten, wenn sie die Fortpflanzer der gemütlichen Aristokratie ihres Namens frischblühend und die künftige Selbständigkeit sogar durch einen mit schwerem Herzen bestraften Trotz verratend um sich sehen. Dabei sind alle Begriffe traditionell und müssen sich als solche erhalten, weil die größte Freiheit sich ja immer als die sicherste Beschützerin des Gesetzes zu bewähren pflegt. In diesen Kreisen können sich die träumerischen, mürrischen, sich isolierenden jugendlichen Charaktere der Provinz und der großen Hauptstädte nur bei besonders ungünstigen Vermögens- Verwandtschafts- und Familienumständen entwickeln. Ja auch das Genie bricht hier nur selten hervor, da sich die Bildung des jungen Mannes frühzeitig in eine allgemeine, gesunde und tüchtige Verstandesrichtung nivelliert. Was hier auf die Jugend wirkt, ist das Beispiel. Früh versteht die Jugend die Manieren des Alters und macht sie nach, da sie ihr ehrwürdig erscheinen. Die Begriffe überliefern sich schnell, Haltung, Benehmen, alles drückt sich wie mit einem Spiegel in der weichen Bildungsmasse ab, und die Sprache mit ihren körnigen Erfahrungssprüchen, stehenden Redensarten und dem lexikographischen Umfange, der auch gerade dem Umfang der Begriffe gleich kommt, ist von der Jugend früh dem Alter abgelauscht. Zuletzt verhindert die muntere lachende Gesundheit und Freiheit, in dem allen – Altklugheit zu finden.

Auf Goethe ist die Anwendung leicht gemacht. Seine Sprache war früh reif, vollständig, keck. Sprichwörter ersetzten das noch mangelnde eigene Urteil. Noch seine ersten Produktionen sind ganz in diesem Lakonismus geschrieben, den Goethe z.B. im Götz nicht vom Mittelalter oder vom Volke zu entlehnen brauchte, sondern der seine eigene Natur war. Die Wendungen körnig, die Verbindungen abgerissen. Partikeln in Fülle, wenn sie den Ton nuancieren und gleichsam der Akzent des Stiles sind, und fehlend, wo man sie als Ruhepunkt des logischen Prozesses und der künstlich ausgesponnenen Dialektik zu brauchen pflegt. Die Weitläuftigkeit der persönlichen Fürwörter wird vermieden, als verstände es sich von selbst, ob ich, oder du, oder er gemeint ist. Auch ging dies kurze, die Sprache und ihre Privilegien prellende Verfahren auf Goethes erste Versifikationen über. Man glaubt, Goethe habe bei seinem Puppenspiel und den satyrischen Kleinigkeiten an Hans Sachs und dessen Weise gedacht. Gewiß nicht, er lernte ihn erst später kennen; es war dies etwas Angebornes, das selbst in der Kunstprosa des Veteranen als Reminiszenz öfters zurückkehrte und durch die damals so kalten und bedächtigen Abstraktionen als ein gar ergötzlicher Transparent zuweilen hindurch schimmerte.

Wenn Goethe im späteren Verlauf seines Dichterstrebens, diesen naiven Volkston verließ, so adoptierte er doch keineswegs eine ihm dargebotene fremde Ausdrucksweise. Zum Glück wie zum Nachteil der deutschen Literatur war die Sprache, ihr Organ, niemals auf dem bestimmten Kammerton einer akademischen Skala gestimmt. Frankreich hat eine Dichtersprache, die man einmal adoptieren muß, will man den Kothurn betreten oder auch nur auf dem Haberrohre der Idylle blasen. Dies beeinträchtigt die Originalität, hält aber auch, wie Goethe selbst in seinen Entwürfen über den Dilettantismus bemerkt, die Unzulänglichkeit und die Liebhaberei zurück. Deutschland hat bei seiner bildsamen und von keiner Crusca bevormundeten Sprache doch das Unglück, daß mit ihr alle Welt in die Literatur hineinpfuschen kann. Wäre unsere Literatur im vorigen Jahrhundert nicht durch ihre klassischen Kräfte im Aufschwunge gewesen, es würde den zahllos auftauchenden Naturdichtern und Dilettanten gelungen sein, sie mit einem Schlage in die Anarchie zu stürzen, in welche sie jetzt durch eine allgemeine Pfuscherei allmählich gekommen ist.

Klassische Muster boten sich Goethen an. Er verschmähte sie alle, bis auf ein Beispiel, dem er nicht widerstehen konnte. Wer seinen ersten prosaischen Versuch, zum Andenken Erwins von Steinbach, gelesen hat, scheidet den

Anteil, welchen Haman an dem Stile desselben hat, sehr leicht heraus. Der Ton ist prophetisch, die Wendung apostrophisch. Dogma und Polemik wechseln ab. Die Bilder sind gelehrt, die Leidenschaften gegen die Franzosen und Pfaffen überraschend grell, das Ganze endet wieder mit Prometheus, dem Goethischen Steckenpegasus. Doch schon ist Klang in diesem Weihegebet, ein Gefühl für jene Rundung, die die Sprache des Egmont und Clavigo, für die Rezitation noch willkommener macht, als die Schillersche. Allmählich wurde Goethe Meister dieses üppigen fleischigen Ausdrucks seiner zweiten Periode, der elastisch weicht und zurückkommt, wogend und wallend wie das Meer und, mit etwas rhetorischem Numerus rauschend, doch nie anders als in sanft schmelzender Zerkräuselung sich am Ufer bricht. Der Wellenschlag des mittelländischen Meeres lockt das Gefühl des Taktes und der rhythmischen Abmessung, und die Herrlichkeit dieser Prosa flutet nun hinüber in Tassos und Iphigeniens melodischen Jambus. Seine Poesie wird Atmen der Natur. Die Natur spricht, spricht in Tönen, Musik ist die Seele seiner Schöpfungen; mag er nun in Venedig, am Ufer des Lido, bunte Epigrammenmuscheln fischen oder auf dem Nacken einer Römerin die fleischigsten Hexameter trommeln.

Goethe hatte Not sich von Formen loszureißen, die ihm leicht wurden und Vergnügen machten. Er opferte ihnen wohl einen zufälligen Inhalt, fühlte aber bald, wie wenig echt dies war, dauerte nicht aus und blieb im Fragmente stecken. Was trieb ihn nicht alles zum Hexameter? Was opferte er ihm nicht! Wolfs Zweifel an der Einheit der Ilias, Vossens Geheimnis über den rechten Bau des Hexameters, das erst mit dem Tode Klopstocks veröffentlicht werden sollte, hielten Goethes epische Interessen in fortwährender Spannung. Er gesteht selbst, daß ihn das metrische Bedürf-

Karl Gutzkow

nis zu Reinecke Fuchs getrieben. Gott sei Dank, Achilleis blieb schon Fragment. Aber die epische Breite hatte ihn erfaßt und zwang seinen Genius zu einer neuen Metamorphose, zur Kultur einer Prosa, deren glänzende Entfaltung die schon erschienenen Bände Wilhelm Meisters ahnen ließen.

Goethes prosaische Diktion verdient eine Betrachtung, die sich vom Dichter ganz unabhängig anstellen läßt; denn hier ist in der Tat ein Maßstab entdeckt, durch welchen die schwankenden Bestimmungen über den deutschen Ausdruck geregelt werden sollten. Von der gelehrten Bilderfülle Jean Pauls und dem Naturalismus der Modernen wird man immer auf jenen bezaubernden Ton zurückkehren müssen, welcher, reich an Gesetzen, in Goethes Prosa herrscht. Diesen geglätteten Marmor nachzuahmen, möcht ich weniger anraten; als ihn zu studieren.

Goethes Prosa ist kein Ausdruck der Unmittelbarkeit, man sieht in ihr die Sprachwerkzeuge nirgends selbst oder die Gehirnfiber transparent hindurchschimmern, welche den Gedanken oben auf ihre Spitze trägt. Nirgends verrät sich die logische Maschinerie oder ein dialektischer Kampf der Idee mit dem Stoffe; sondern Goethes Prosa ist eine Perspektive des Theaters, ein überdachtes erlerntes, vom schaffenden Gedankensoufleur leise zugerauntes Stück. Goethe reproduziert sprechend, was er im selben Momente denkend schuf. Die Dinge sprechen bei ihm nicht selbst, sondern sie müssen sich an den Dichter wenden, um zu Worte zu kommen. Darum ist diese Sprache, deutlich und doch bescheiden, klar ohne dadurch aufzufallen, im Extreme aber diplomatisch.

Dem Jean Paulismus oder der modernen Naivetät lauscht man neugierig zu, und dennoch strengt die Lektüre an und nimmt alle unsere Geistestätigkeiten in Anspruch. An Goethes Prosa arbeiten wir mit, unterstützen die Produktion des Gedankens und schließen, da Goethes Bericht immer nur das Spiegelbild der Reflexion ist, von dem Bilde auf sein Gegenüber. Vergleicht man Goethes Prosa mit der ozeanischen majestätisch flutenden Ruhe des Weltmeers, so ist doch nur der äußere Anblick so stille, gezähmte Leidenschaft. Goethes Anregungen sind belebend und reproduktiv, und so hat diese trügerische Ruhe eine überwältigende Unterlage, eine Wirklichkeit, gerade so wild und schroff in uns wieder auftauchend, wie der Dichter sie in sanften schlummernden Träumen erzählt. Das Äußerliche dieses Geheimnisses wird unzählig nachgeahmt, man scheint dabei vergessen zu haben, daß Goethes Prosa nur für die Erzählung als Organ der epischen Dichtung klassisch ist, und dabei sind noch am glücklichsten die Herren Carus in Dresden und Varnhagen von Ense in Berlin.

Man muß aber nicht übersehen, daß Goethe selbst dies Mißständnis veranlaßte. Indem er diese Sprache mit ihrer höchstzerbrechlichen Kostbarkeit selten mit Auswahl und Sparsamkeit benutzte, so verwischte er ein wenig ihren klassischen Stempel. Die Reproduktion verwandelte sich in Abstraktion. Alle konkreten Anschauungen verflüchtigten in formlose Verallgemeinerungen, das Handgreiflichste verhüllte sich in mystifizierende Nebelflöre, und das, was sich kristallinisch gebildet hatte, zerschmolz in sehr vage Flüssigkeiten. Ja diese verschwimmende abstrakte Ausdrucksweise Goethes teilte sich sogar der Poesie seines Verses mit. Wenn auch der Reim und das metrische Gesetz hier die Verallgemeinerungen beschränkte, wenn sich gerade im Gedicht diese ausweichende Diplomatie in eine besondere Geheimnissung und Wichtigkeit verwandeln konnte, so schützt uns doch nichts davor, daß wir zuweilen das Unnützeste in die vielversprechendsten Kleider gehüllt sahen. Wer erinnert sich hier nicht der Artikelauslassungen, der Infinitiv- und Partizipial-Konstruktionen, des Superlativs für den hinreichenden einfachen Grad, kurz eines Tones, der hier erweiternd, dort beschränkend, sanft zum einen anderes lenkend, alles in dem Schönen, Reinen, schönstens suchte zu vereinen? Oft aber drang durch diese häßlichen Töne noch eine jugendliche Naivetät, und ohne Aufhören wurden sie entschuldigt, durch des Alters redselige Lust der Mitteilung, die uns auch hier so manches hinterließ, was wir zur Charakteristik unseres Dichters schmerzlich vermissen würden.

Wir kehren zum Häuslichen zurück, wenn es sich nächst der Diktion um die Veranlassungen der Goethischen Produktionen handelt.

Man weiß, welche hohe Meinung der Dichter von der Gelegenheitspoesie hatte. Fast alle seine Dichtungen gab der Zufall an. In seinen Jugendkreisen herrschte ein heiterer geselliger Ton, der sich durch wechselseitige Anregung dauernd erhielt, der den einzelnen hervortrieb, indem ihn die Masse, unterstützte und der zunächst im vorzüglichsten Grade die Satire begünstigte. Goethe verlebte eine Jugend, die rings von geselligen dichterischen Aufforderungen umgeben war. Sein Vater war ein origineller Mann, in dessen Kopfe sich praktische Ideen und Pläne durchkreuzten und der um jeden Preis auch den Sohn dafür gewinnen wollte; der sich aber dennoch von dem Ehrgeize nicht trennen konnte, an seinem Sohne auch den Ruhm eines schönen Geistes zu erleben. So ging kein Familienfest ohne poetische Verherrlichung hin. Das Verhältnis zu Lilli zeigt uns selbst den Verfasser des Werther und Götz noch mitten in diesen Anregungen des Zufalls immer mit neuen Einfällen und unermüdlichen Opfergaben auf dem Hausaltar der

Geselligkeit. Liebend oder spottend wurden die Originalitäten der Umgebung dargestellt, die Pläne gestalteten sich schnell und verkörperten sich in den leichtesten und zufälligsten Formen.

Wenn auch Goethe gegen diese Produktionen streng war und sie vernichtete, so konnte er doch niemals diesen Instinkt eines plötzlich und unmittelbar auflodernden Interesses unterdrücken. Alles Neue ergriff ihn lebhaft und zwang ihm die Äußerung der darüber angeregten Empfindungen ab. Die Poesie war in ihm das Gesundeste, ja noch mehr als dies, sie war positive Heilkraft und verwandelte jedes wissentliche oder im Gefühl versteckte Unbehagen in verlebte, objektive, zurückgelassene Zustände, wo der Schmerz sein Nachweh und auch die Freude jene Überraschung verlor, mit welcher sie doch das Gemüt mehr zu beängstigen, als zu erquicken pflegt. Einem Dichter, der über seine Mittel und Kräfte gebietet, tut die Welt wenig an, er ist der größte Egoist; denn selbst das Unglück ist bei ihm ein Geschenk, für welches er den Göttern danken muß.

Goethe kam so unbewußt in seine Stellung der Nation gegenüber, daß er lange Zeit die Physiognomie eines Dilettanten nicht verlieren wollte; jede neue Kraft, welche auf die Öffentlichkeit wirken will, wird sie sogleich nach Gesichtspunkten, die in ihrem Interesse gestellt sind, ermessen und immer das Mangelhafte da als vorhanden auszugeben suchen, wo sie sich einbildet, den Schaden oder das Fehlende ersetzen zu können. Goethe aber war so wenig Willens auf die Teilnahme des Publikums zu spekulieren, daß er selbst nach seinen ersten veröffentlichten Produktionen nicht aufhören konnte, das Publikum lieber nach der Verehrung zu beurteilen, die ihm Klopstock, Gleim und die seiner Natur entgegengesetztesten Geister zu verlangen schienen. Goethe stand in keinem Rapport zum Publikum. Er wußte nicht, was er demselben positiv mit sich zum Geschenke machte. Mit irgend einer Tendenz und Richtung wußte er sich am wenigsten in Einklang zu bringen und hat, ob seine Wirkung gleich gewaltig war, doch niemals in dem selbst gelebt oder hat in dem fortgefahren zu leben, wo sein Anfang alle Welt entzündete.

Ich wüßte nichts, was so schlagend die Genialität eines Phänomens bezeichnet, als dessen Harmlosigkeit. Während Klopstock, Voß, Ramler, Wieland, Herder, in ihren einmal angeschlagenen Tönen einen ausdauernde Hartnäckigkeit besaßen, die sie zuletzt, fast möchte man sagen, zu ihren eigenen Plagiatoren machte, hielt sich Goethe niemals an das, was aus ihm eine Schule hätte machen können oder eine Religion, deren erster Priester er hätte sein müssen. Freilich hatte er bei dieser Zufälligkeit seiner Bestrebungen den meisten Verlust. Wie schlagend auch seine spätern Effekte waren, so wurde er doch, nachdem er Werthern durch den Triumpf der Empfindsamkeit begraben und das Vorurteil des Publikums getäuscht hatte, niemals wieder recht populär. Auf Kosten einer ihn und seinen Genius vernichtenden Monotonie wollte er es nicht sein. Nur diejenigen Schriftsteller sind, wie z.B. Schiller, plötzlich ein Gemeingut aller Klassen geworden, welche das Publikum einmal an einem bestimmten Ton gewöhnt haben, welcher nun immer in jedem folgenden Werke wiederkehren muß. Neuheit in jedem neuen Buche stört die Bequemlichkeit der Leser, setzt eine Beschäftigung mit dem Dichter voraus, wozu nicht alle die gehörige Muße haben, und erschwert somit das allgemeine Verständnis, ohne welches es keine Popularität gibt.

Goethe legt allerdings auf seine Behauptungen über die Gelegenheitspoesie zu viel Nachdruck. So genialisch auch zufällige Veranlassungen z.B. seines Clavigo sind, so kann man doch nicht zugeben, daß die durch Goethes gesellschaftliche Stellung in Weimar veranlaßten Allegorien und Festspiele durch die Zufälligkeit so interessant würden, als sie langweilig sind. Dennoch bleibt das Prinzip für die ganze Laufbahn unseres Dichters entscheidend.

Will man es in Betreff der Häuslichkeit noch auf einfachere Begriffe zurückführen, so möcht' ich hier an die Maske und die Musik erinnern; jene, von dem Dichter mit so viel Vorliebe gebraucht, und in mancherlei Mummereien und der Lust am Geheimnisse sich aussprechend, vergegenwärtigen lebhaft die Jugend des Dichters mit jenen possenhaften Arrangements, welche zum Erstenmale in Goethe das poetische Bedürfnis anregten. Ja die Musik war es, welche ihn ohne Weiteres in den Vers hinein warf, so daß nicht nur seinen lyrischen Gedichten die Melodie immer von selbst vorzuklingen scheint, sondern sein produktiver Eifer sich auch an Singspiele machte, die, wie Erwin und Elmire, besonders aber Claudine von Villabella gewiß keine hohen Anflüge nahmen, aber doch ungemein gewandt angelegt und im einzelnen gar allerliebst ausgeführt sind. Eine Hast ergriff den Dichter, sich unaufhörlich in Kompositionen dieser Art zu ergehen. Seine Mittel standen ihm immer siegreich zur Seite und unterstützten ihn darin, daß seine Poesieen vom Gefühl der praktischen Brauchbarkeit und des gelegentlichen Bedürfnisses veranlaßt wurden. Die Oper, die ernste wie die komisch, ist unersättlich in ihren Forderungen an die improvisierte Erfindung.

Der Klang der Musik bahnt uns den Weg, um besonders an Goethes lyrischen Erzeugnissen anzudeuten, wie alles in ihnen erlebt, empfunden und von des Tages Ordnung angegeben ist. Glücklicherweise haben wir fast zu allen ihren Einzelnheiten lebendige Schlüssel der Biographie und können das viele, was uns hier noch fehlen mag, durch Ahnung ergänzen.

Nach Petrarka gab keine Lyrik so viel Wahrheit für Dichtung wie Goethes, und Goethe übertrifft sogar Petrarka. Denn was Petrarka sang, verstand sich nur für die Situation, in der er sang, und erhielt sich für sie in der Literaturgeschichte. Doch Goethes Poesieen, meist durch ganz individuelle Erlebnisse angeschlagen, klingen auf alles anwendbar im Volkstone fort und sind in die Teilnahme der Masse, die freilich den Verfasser nicht mehr anzugeben weiß, noch tiefer gedrungen, als die Gedichte Schillers.

Unbefangen und heiter sind Goethes lyrische Erstlinge. Sie adoptieren die poetische Sprache der Zeit, den Schäferton, wo Amor sich zu Damon schleicht und dieser gute Junge, sanft die Flöte blasend, Dorilis aus ihren Träumen weckt. Luna schleicht mit Silberglanz durch Busch und Eichen, und Zephir ist der beschwingte Bote, der der Schwester Apollos leise voranweht. Hier ist alles klein, zart, frisch, heilig durch die Veranlassung; man nascht und tanzt mit den Amoretten, der Ernst wird vertändelt, und selbst die Empfindung scheint mehr poetisch überliefert, als von innen hervorquillend.

Jetzt kommen schon tiefer klingende Töne, das Versmaß ist länger ausgehalten, der Dichter sehnt sich nach der ersten Liebe und sieht die Unschuld in Nebel gehüllt von ihm wegfliehen. Plötzlich bricht ein schreiender Akkord in diese Modulationen. In dem Gedichte Abschied friert dem Dichter das Wort auf dem Munde zu Eis. Jetzt weht eine schneidend kalte, aber unübertrefflich wahr und schön gefühlte Resignation durch eine Empfindung, die zwar feiert, ausruht und verachtet, trotz alles Stoizismus aber doch vom tiefsten Schmerze durchschnitten ist. Der Dichter begründet sein philosophisches Evangelium mit einer Ironie, die uns Tränen in das Auge und um den Mund zu gleicher Zeit ein Lächeln jagt. Tiefe Stille herrscht in des Schiffers Herzen, die Stille nach überstandenem Sturm; auf der ungeheuren Weite regt sich keine Welle mehr; er steht am Mast, leicht hingelehnt, und pfeift seine Maxime der Gleichgültigkeit: Sehe jeder wie er's treibe! Und doch kömmt zuweilen wieder eine Ermattung über ihn, er kann der Ermunterung: »lerne nur das Glück ergreifen, denn das Glück ist immer da,« nicht die siegreiche Kraft des Trostes abgewinnen und schleudert seinen ungeheuern Groll in reimlosen Dithyrambenquadern von einer Höhe des Parnaß herab, wie sie nie wieder erstiegen ist.

Da faßt ihn eine frische Neigung, hinreichender Ersatz für die Lücke, eine Neigung mit mehr Zärtlichkeit als Liebe. Und diese haucht in Liedern aus, die nicht so melancholisch sind, wie die vorangegangenen, auch nicht mehr so allgemein sehnsüchtig und in der Geliebten nur die Liebe liebend, sondern rasch, klug, besorgt, angemessen Ort und Stunde. Wer erlebte dies nicht! Du scheitertest schon oft mit deinem Herzen, du hast die Liebe schon als Kunst, dein Benehmen ist ein Handgriff der Verführung, und dennoch sehnt sich die letzte Abendröte weichender Unschuld nach dem Zauber der Natur noch einmal zurück, nach einer wahren und echten Empfindung, die uns, von unserm Herzen ausgeschlossen, zu gewinnen kaum noch möglich schien und sich in den schmelzendsten Tönen offenbaret. So in diesen Liedern Goethes. Die Liebe mäßigt sich, da sie wohl aus Erfahrung weiß, daß man in ihr nichts überstürzen und keine Genüsse zeitigen und zu rasch abschlürfen soll, und trotz dieses Raffinements wird der Dichter mit recht frischem Herzen noch einmal wieder naiv und munter, ein Bär, den Lillis Menagerie bis zum Murmeltiere zähmte. War die Natur früher die Anknüpfung einer ungestillten Sehnsucht, war sie früher nur die Vertraute des Liebenden, so ist sie jetzt lebendig geworden und Leben schaffend, sie öffnet ihre Mannigfaltigkeit einem Auge, das sich Ähnlichkeiten ihres Glückes sucht, ihre Situationen ordnen sich vor dem beruhigten sinnenden Dichter, fremde Zustände locken seine behagliche Betrachtung, und die poetische Form wird eine neue, die Ballade.

Goethe verstand unter Ballade jede poetische Empfindung, für welche der Dichter von anderswoher eine Staffage nimmt. Dies ist immer eine historische, gleichviel ob er sie der Geschichte entlehnt oder schlechthin einer äußern Wirklichkeit, die nicht durch seine eigenen Mittel und Wege geschaffen ist. Diese Mischung von Epos und Lyrik, äußert sich am liebsten dramatisch, wie auch in den schottischen Beispielen der Ballade der Dialog die Erzählung zu ersetzen pflegt. Indem Goethe dies Verfahren von der Sage auf alles andere, was nur nicht aus ihm selbst war, übertrug, schuf er eine neue Gattung der Poesie, die von Vielen später mannigfach und gut kultiviert, die deutsche Verskunst in leidlichem Schwunge erhalten hat, selbst als das Genie eine Seltenheit wurde.

In dieser Weise wand z.B. Wilhelm Müller recht anmutige Kränze, wo sich dieselben Situationen der Zärtlichkeit, Eifersucht und Versöhnung immer mit verschiedenen Subjekten, heute mit einer Müllerin, morgen mit einem Musikanten wiederholten. Auch ist die schwäbische Schule mehr ein Produkt der Goethischen Ballade, als des Goethischen Liedes, nicht bloß in den historischen Sagen, wo es in die Augen fällt, sondern selbst in der Originalität der Uhlandischen Muse. Uhland hat die Baukunst von Goethes Ballade gelernt. Es sind fremden Herzen untergelegte Empfindungen, die er besingt; es sind Tatsachen des Gefühls, um welche er mit Leichtigkeit einen historischen Rahmen legt. Das Zusammenfallen der ursprünglichen Idee mit diesem historischen Vehikel gibt allen Liedern Uhlands jenen epigrammatischen Schluß, der leider in neuerer Zeit in den Begriffen über das lyrische Gedicht mancherlei Verwüstung angerichtet und an die Stelle der Empfindung den Witz gesetzt hat. In Goethes Ballade, nämlich dem Genre, was er auf seine eigene Rechnung so nannte, herrscht eine eigentümliche Zweiheit, welche immer der Ausdruck der Reflexion ist. Uhland steigerte dies bis zum höchsten Grade und erreichte damit oft eine ungemein ergreifende Wirkung. Wer kann das Schloß am Meere und ähnliches lesen, ohne zu gestehen, daß nach den einfachen Worten des Sängers erst das Gedicht beginnt? Man ist überrascht von dieser kunstvollen Einfachheit der eben gehörten Fragen und Antworten, so daß sich erst am Schlusse derselben vor unsern Augen die ganze Anschauung der poetischen Situation zusammensetzt und sich ein Ton aus unserm Innern heraufwühlt, der die tiefsten Seiten unseres Gemüts zu wunderbaren Melodien weckt. Es ist dies einzig die frappante Wirkung des Epigrammatischen. Diese Form zwingt uns, Vorder- und Nachsatz noch einmal zu wiederholen und für uns selbst den Ursachen eines Gedichtes nachzuspüren, von dessen Wirkung wir elektrisch längst getroffen sind.

Goethes späteste lyrische Erzeugnisse sind trunkene Orientslieder, mit welchen Anakreon sich die greise Stirn umwindet. Sie bahnten den Übergang zur weisheitsvollen Gnome, zahmen Xenie, zum ernsten oder scherzenden Spruchgedicht. Wenn beim Mahle das Barbiton unter den Gästen kreiste, so blieb Goethe der griechischen Sitte immer eingedenk und sang frisch und munter sein Skolion herunter. Er lehrte dann die lachende Weisheit der epikurischen Gärten, Weisheit des Lebens, heiterste Resignation, und jenen Mut, nach der Lehre des Horaz, noch im höchsten Alter, von jedem Tag die reifende Frucht zu brechen. Und so hat jedes Gedicht der Goethischen Muse einen inneren Bezug und läßt sich einer allgemeinen Weltansicht einreihen. Nichts steht abseiten und würde nicht mit dem ganzen ausgedehnten Mantel des Sängers zu dekken sein. Aber äußere Maßstäbe reichen schwerlich dabei aus, sie ließen das meiste unverstanden und würden oft mit unbehaglichen Resultaten enden. Es ist mit diesen Gedichten, wie Goethe selbst sagt, wie mit den gemalten Fensterscheiben einer Kirche. Draußen sehen sie schwarz und geklekst aus, von innen aber leuchten sie mit wunderbarer Pracht, und das vom falschen Standpunkte Unverständliche löst sich in Sagen und Geschichten, in feste Gestalten, Ebenmaß, Schatten und Licht auf, daß unsere Augen wie durch Zauber geblendet sind.

Es ist nicht die Absicht dieser Unterhaltungen, nach viel trefflichen Vorgängen uns mit einer Charakteristik der einzelnen Dichtungen Goethes zu beschäftigen. Wir suchen nur, zu einem Zwecke, der sich auf die Länge noch deutlicher herausstellen soll, das Individuelle an ihm zu charakterisieren und nachzuweisen, wie bei ihm Kunst und Natur sich schöpferisch vermählten. So macht es denn auch unser Standpunkt der Literaturgeschichte und Poetik notwendig, hier noch einige Erörterungen über das Schöne beizubringen, wie es sich Goethen anbot, wie er es suchte, und zuletzt, wonach er es beurteilte.

Was zündet den Dichter? Man wird schnell zur Hand sein und sagen: das Ideal. Man glaubt nämlich, daß der reinste und korrekteste Ausdruck der Schönheit auch die Schönheit selber wäre und daß das poetische Genie immer auf der Stufe stehen müsse, auf welcher Raphael stand.

Aber die Ästhetik hat noch keinen Dichter gemacht. Das allgemein Idealische, das Korrekte und Klassische ist die schlechteste Befruchtung der Phantasie. Man kann durch einen Heuschober zu einem bessern Gedichte veranlaßt werden, als durch einen Marmorpalast. Daraus folgt, daß sich das dichterische Genie mehr um die Niederländer, als die Italiener bekümmern muß.

Goethes poetische Erziehung bestätigt diese Meinung in allen Punkten. Er läuft durch die Dresdener Galerie; Raphael und Corregio versteht er nicht; aber Rembrandt, Rubens und sogar originelle Mittelmäßigkeiten ziehen ihn lebhaft an. Goethe ging durch den Mannheimer Antikensaal, mehr befürchtend und staunend, als durch die zahllosen Schönheiten angeregt. Das Allgemeine, Idealische zündet den poetischen Genius nicht, sondern das Individuelle, Einzelne, Charakteristische.

Goethe hat uns den Eindruck überliefert, welchen in früherer Zeit ein Gemälde von Rembrandt und ein Stück von Goudt nach Elsheimer auf ihn machten. Rembrandts Geburt Christi riß ihn zur Bewunderung hin. In dem andern, Philemon und Baucis, hat sich Jupiter auf einen Großvaterstuhl niedergelassen, Merkur ruht auf einem niedern Lager aus, Wirt und Wirtin sind nach ihrer Art beschäftigt, sie zu bedienen. Jupiter hat sich indessen in der Stube umgesehen, und just fallen seine Augen auf einen Holzschnitt an der Wand, wo er einen seiner Lieblingsschwänke, durch Merkurs Beihülfe ausgeführt, klärlich abgebildet sieht. Nun setzt Goethe, gar bezeichnend für Dasjenige, was in ihm den Dichter anzuregen pflegt, hinzu: »Wann so ein Zug nicht mehr wert ist, als ein ganzes Zeughaus wahrhaft antiker Nachtgeschirre, so will ich alles Denken, Dichten, Trachten und Schreiben aufgeben.« Und dies mit Recht; denn alles natürliche Dichten und Denken entspringt aus dem Einzelnen und Individuellen, so wie auch nichts den Dichter so ergreifen wird, als was ihn überrascht, nämlich die Nuance. Alles Schöne wird sich dem Genius ursprünglich als eine Handlung, eine Situation, kurz als etwas offenbaren, das mit uranfänglicher Gewalt aus den Dingen selbst herausspringt und die Kreise seiner weiteren Ausführung wie ein in das Wasser fallender Tropfen von selbst zieht. Kein schöpferischer Geist nimmt zuerst eine Idee, um sich nachher die ihr entsprechenden Personen zu suchen, sondern auf jene Lichtpunkte achtet er, jene positiven, wirklichen und von der Wirklichkeit erfundenen, welche die ihnen entsprechenden Ideen von selbst ausstrahlen. Das Schöne an und für sich betrachtet in der harmonischen Gestaltung aller Teile eines Kunstwerkes, macht wohl zunächst den Eindruck des Charakteristischen nicht und soll es nicht, da das Schöne ja nur die Einheit im Charakteristischen selbst ist; das Charakteristische aber ist es, welches die Schöpfung veranlaßt. Wenn sie zuletzt schön wird, so ist uns das Übereinstimmen des Anfangs mit dem Ende der Ausführung und der Idee. Diese Begriffe bleiben fest, so lange die Literatur nicht durch die Schule, sondern durch die Naivetät des Genies bestimmt wird.

Goethe unterlag jedoch dem Überraschenden nicht; dagegen wappnete er sich durch seine Kunst. Die Romantiker und Modernen hielten den blendenden Glanz dieser Lichtpunkte nicht aus und schlugen immer in die Extreme über, so daß sie auf der einen Seite entweder sehr glatt, sorglos, lüstern einatmend, weiblich genießend wurden, auf der andern rauh, struppig, immer aufgeregt, samenschwellend, in Überfülle gebend, pointiert. Die Romantiker konnten die Teilnahme nirgends fassen, weil sie dieselbe von allen Seiten angreifen wollten. Da war alles pikiert, alles sonderbar und originell, die Farben waren nicht verwischt, sondern lagen dick aufgetragen, wie auf der Palette. Der Eindruck war barock, wunderlich und zuletzt ermüdend, weil es an Ruhepunkten überall gebrach. Ebenso das entgegengesetzte Extrem, welches durch einen der ersten Stifter der Romantik Heinse recht deutlich gemacht wird. Ardinghello zieht mannigfach an, ein hoher gebildeter und freier Geist umweht uns; mancherlei Üppigkeiten machen sogar unser Blut in kleinen Kügelchen durch die Adern rollen. Doch halten wir nirgends inne, kein Vorsprung, der besonders originell wäre, hemmt den allerdings kecken und doch wieder so phlegmatischen Lauf; man fühlt sich von keiner einzigen Idee lebhafter angespornt oder erschräke einmal vor irgend einer besonders überraschenden Wendung. Und wie hier die Romantik anfing, so endete sie auch mit der Monotonie; denn was kann monotoner, verschwommener und egaler sein, als Fouqué oder die Minnesänger?

Wenn man die Gesetze der Goethischen Dichtkunst auf eine Formel zurückführen will, so beschränken sie sich auf die Relativitäten der beiden Begriffe des Allgemeinen und Besondern. Das Besondere sollte immer dem Genie, und das Allgemeine der Kunst angehören, aber die Erfahrung zeigt uns, daß man das Allgemeine gern für die Sache des Interesses und das Besondere für die Sache des Geschmakkes hält. Es gibt viele Dichter, welche ihre Nation beglückt haben, wenn sie zur abstrakten Allgemeinheit einer löblichen Idee die positive und konkrete Unterlage eines Faktums suchten. Aber die Größten sind es nicht. Das Genie beginnt mit dem Faktum und besitzt so viel Kunst und Natur, daß es dasselbe auf die günstigste Weise auch immer unter die Strahlenbrechung der Allgemeinheit bringen kann. Wäre unser Zeitalter nicht in der Notwendigkeit, sehr viel auf den guten Willen, die Ehrlichkeit und die

Tendenz geben zu müssen, und wäre die Bildung dieses Zeitalters weniger rhetorisch, so würde es für die Besonderheit denselben Instinkt haben, den es nur für die Allgemeinheit zu haben scheint; es würde allerdings die Dichtungen Schillers heißer lieben dürfen, als die Goethes, weil Schiller kühn und Goethe nur weise war; aber doch niemals das Genie des letztern, gegen das Genie des ersteren in Abrede gestellt haben; da in der Literatur wenigstens das Besondere höher steht, als das Allgemeine.

Goethe, wie er sich denn selbst das Klarste war, empfand bei einer zwischen ihm und Schiller eingetretenen zarten Differenz den Unterschied vollkommen, wenn er sagt: »Es macht viel aus, ob der Dichter zum Allgemeinen das Besondere sucht, oder im Besondern das Allgemeine schaut. Aus jener Art entsteht Allegorie, wo das Besondere nur als Beispiel, als Exempel des Allgemeinen gilt; die letztere aber ist eigentlich die Natur der Poesie; sie spricht ein Besonderes aus, ohne an's Allgemeine zu denken, oder darauf hinzuweisen. Wer nur dieses Besondere lebendig faßt, erhält zugleich das Allgemeine mit, ohne es gewahr zu werden, oder erst spät.«

Wir setzen hinzu: die Initiative der Schillerschen Dichtung war das Interesse. Er suchte dann für seine Begriffe die persönlichen Spiegelbilder, und Dank seiner Bestimmung! daß er oft die trefflichsten fand. Von einem edeln, feurigen, aber inhaltlosen Instinkte ging er aus, seine glühende Einbildungskraft kam dem suchenden Verlangen zu Hülfe und gaukelte ihm lange Züge von Gestalten vor, aus denen er wählte, was stark genug war, seine Stärke zu tragen. Je reifer die Anschauung, desto glücklicher die Wahl. So sind Karl Moor und Kabale und Liebe noch Schöpfungen, die, trotz ihrer dämonischmarkierten Bestimmtheit, doch unsere Vorstellung nur an Allgemeines überliefern.

Immer mit dem Schluß dieser Dramen stürzt ihre Erfindung zusammen, und der uns packende Rest ist ein unbestimmtes, leeres, schauerliches Mißbehagen an der Gesellschaft, das, weil die Weltkopie in ihnen das Original doch wahrlich nicht treu wiedergibt, auch nicht einmal Entschlüsse in uns bewirken kann. Wie schnitt Schiller am Stoffe des Fiesko herum! Wie schwer wird es ihm, vom Mittelpunkte der Tatsache aus, die Tatsache zu sichten und zu ordnen! Posa ist vortrefflich, aber für das Hauptinteresse des Karlos, nur eine Zutat aus der Allgemeinheit. Eben so müssen in der Stuart und Jungfrau immer Repräsentationen von allgemeinen Begriffen auftreten, Liebhabereien und Empfindungen, welche das Ereignis verrücken und die Tatsache nur zum Vehikel beliebiger Vorstellungen zu machen scheinen. Erst Wallenstein und Tell genügen; jener, weil er in der Tat individuell gehalten ist; dieser, weil in ihm das Allgemeine zufällig mit dem Besondern selbst zusammenfällt.

Über Goethes Dichtungen schwebt niemals der große Schillersche Horizont, sondern sie halten das Interesse streng an der Sache und offenbaren sich mikrokosmisch. Goethe gibt, was das Allgemeine betrifft, immer nur Perspektiven und Fernsichten in sie, unermeßliche zwar, aber in einem und demselben Kunstwerke oft nach den entgegengesetztesten Richtungen hin. Auf der einzelnen Blüte der poetischen Besonderheit zeigen sich hier alle Gesetze der Pflanzenmetamorphose; an diesen dünnen Staubfädchen wird man dennoch in das innerste Heiligtum des Naturgeheimnisses gezogen; an diesen bunten schimmernden Farben sprechen sich die himmelanziehenden Gesetze der großen Sonne aus. Ob uns Tasso eine Gefühlswelt, Karlos ein System der Lebensphilosophie und die Hölle im Faust den ganzen Himmel erschließt; es geht von kleinen zufälligen Punkten aus. Am Schleppkleide der Gelegenheit, wie sie eine Zeitung, ein fliegend Blatt, ein altes Buch angibt, zieht der Dichter den Triumph der ganzen Erde nach sich. Wenn Schiller einen größern Umfang zu haben scheint als Goethe, so ist dies, wie Sterne von großen Nebelringen umgeben sind. Goethe hat diesen Nebelring nicht; dafür ist aber sein Kern strahlender und wirkt besser in der Finsternis.

Goethe hatte einen solchen Abscheu vor dem Allgemeinen, daß ihn auch jede Definition des Schönen in Verwirrung brachte. Frage man, worin liegt der Zauber der Dinge, wenn sie gefallen; läßt er sich den Dingen geben, oder müssen sie darnach gewählt sein? so trieb Goethe seine Furcht, daß man das Leben in eine Formel einfangen könne, so weit, daß er sogar erklärte, der Ausdruck, Idee des Schönen, habe schon an sich etwas Unstatthaftes. Goethe hütete sich, die Schönheit in etwas Einzelnem zu finden, da sie im Gegenteile immer etwas Zusammengesetztes sein müsse. Wie kam er zu dieser Sprödigkeit?

Goethe war in der Mitte seines Lebens umdrängt von Theorien über die Schönheit; kein neues System etablierte sich, ohne nicht auch für die Ästhetik Fächer und Repositorien aufzutun. Das veranlaßte Goethen, sich hiebei immer negativ zu halten, und über Begriffe, für welche der grassierende Idealismus nicht Sublimationen genug finden konnte, immer im herabgestimmtesten Tone zu sprechen. In dieser Flut barbarischer Wendungen und Hypothesen war es für den Dichter sogar ein Verdienst, die Göttlichkeit seiner Mission in irdische Worte zu kleiden und das Schöne mit einer scheinbaren Geringschätzung zu beurteilen. Der Nebulismus schien Ausdrücke wie: richtig, erfreulich, gefällig u.s.w. verdrängen zu wollen; diese mußte man retten; man mußte der praktischen Vernunft, man mußte der

Poesie als Poetik und dem menschlichen Gefäße des göttlichen Inhaltes Gerechtigkeit widerfahren lassen. Eiferer übersahen dies Verdienst. Die Einfachheit, mit welcher Goethe über seine Kunst wie über ein Handwerk sprach, diese Einfachheit, welche uns aus den transzendentalen Zeiten die gesunde Vernunft gerettet hat, fand die böswilligste Auslegung. Man brachte es dahin, daß es scheinen sollte, als hätte Goethe wirklich eine Verwandtschaft mit Hans Sachs, nur daß er die Dichtkunst selbst wie die Schusterei getrieben habe. Wolfgang Menzel wenigstens, ohne Kenntnis der deutschen Philosophie und nicht ahnend, daß Goethes Aussprüche über die Kunst im oppositiven Sinne gegeben sind, behandelt den Dichter immer gern wie einen Fabrikanten.

Es scheint mir, als hätte Goethe bei Gelegenheit seines Besuches in Münster im Jahr 1792 sich über den Begriff des Schönen am aufrichtigsten geäußert. Einer so individuellen, humanen und wohlwollenden Philosophie, wie der des Hemsterhuis gegenüber, ließ sich schwer in Widersprüche geraten. Hemsterhuis nannte das Schöne jene erfreuliche Erscheinung, wo wir die größte Menge von Vorstellungen in einem Momente bequem überblicken und fassen können. Diese viel zu weite, auf besondere Fälle nur sehr schwerfällig anwendbare Definition unterschrieb Goethe, falls sie so zu erstehen wäre, wie er sie später in seine eigene Sprache übersetzte. Er kommentierte so: das Schöne sei, das gesetzmäßig Lebendige in seiner größten Vollkommenheit Schauen, wodurch wir zur Reproduktion gereizt uns gleichfalls lebendig und in höchste Tätigkeit versetzt fühlen. Er fügte dann hinzu, das Schöne sei nicht sowohl leistend als versprechend und müsse hoffen, begehren und erwarten machen.

Nichts ist schön, das nicht anregt. Schönheit ist ein psychischer Moment, wo Wirkendes und Gewirktes zu einem seligen Genusse zusammenfallen und nichts in unserem Sein ohne Erschütterung bleibt, selbst der sinnliche Teil nicht. Schönheit an und für sich, als das Dargestellte ohne Ausfluß auf unser Entzücken gedacht, ist auch nichts Vollendetes in dem Sinne, daß sie durch etwas anderes nicht könnte erhöht und gesteigert werden, sondern sie ist der Grundton, in welchen unsere ergriffenen Sinne einfallen müssen zum harmonischen Akkorde. Das Schöne ist nichts Absolutes, das nach eigenen Gesetzen konstruiert, regelrecht gefügt, kalt und stumm wie Narziß sich an seinen eigenen Reizen weidete, sondern Sehnsucht, die den Arm verlangend ausstreckt nach einem Auge, in dem sie sich spiegeln, einem Munde, aus dem sie sich selbst verstehen kann. Die abgeschlossene Ruhe der Antike ist ein längst bestrittener Satz, und so lange die alten Marmorbüsten Augen ohne Sterne haben, werden sie eines Herzens bedürfen, das sie empfindet und ihre geisterhafte Stummheit zu lösen ihnen entgegenkommt. Das Erhabene ist nicht das Schöne. Das Erhabene ist Gefühl der Masse, des Gleichgewichtes und eines es tragenden Mittelpunktes. Das Erhabene ist einfach, die Schönheit zusammengesetzt. Das Erhabene ist die Zirkelform bei den Alten, ein Obelisk, eine Säule, bei Neuern überhaupt alles, was strebt in's Unendliche, ein Turm des Münsters; das Erhabene überwältigt, es produziert in uns nur Rührung und Ohnmacht; aber das Schöne erhebt, das Schöne ist Leben, Mitteilung, Aufforderung, es macht den Betrachtenden selbst zum Künstler. Denn man weiß, daß das Schöne immer erst aus der zweiten Hand kömmt, wenn die Natur die erste ist. Dies Gebäude, Gemälde, Gedicht ist eine Täuschung; hier wetteifert die Kunst mit der Wirklichkeit, und sagen werden wir: das ist schön! wenn wir jenen Koinzidenzpunkt fassen können, wo das Mechanische plötzlich Organismus zu sein scheint, wo uns die Illusion wie lebendig in's Antlitz blickt und die fortwährende ästhetische Überraschung gleichsam macht, daß uns die Stifte des Kunstwerkes, die Teile einer Sache, die ja nur eine Vorstellung ist, zusammenzufallen scheinen, und wir hinzuspringen, nachzubilden, nachzuschaffen und das zu suchen, was, Dank den Göttern! noch nicht verloren ist.

Dies sind die Wirkungen des Genies. So wird sich Goethe den Jahrhunderten erhalten. Die Guten, Reifen und Gebildeten werden immerdar von seinen Zauberschöpfungen gezündet werden und durch sie den in jedes Menschen Brust schlummernden Poeten in sich wecken. Die Produktionen erhalten sich wie ein Saatkorn, das auf hunderterlei Acker fallend, der Nachwelt blühende Gefilde und reiche Herbste sichert. Und leben in seinen Werken, sichert noch vorm Tode nicht; aber in seinen Werken zeugen – das ist der Prüfstein!

III.

Wem wird die Muse der Geschichte die Feder in die Hand drücken, um ein Kulturgemälde des achtzehnten Jahrhunderts zu schreiben?

Wenige Epochen vereinten so viel und so entgegengesetzte Elemente in sich, um zugleich bunte und durch ihre Mannigfaltigkeit anziehende Gruppen zu bilden; wenige sind so bedeutend und einflußreich ihrem Inhalte und Zwecke nach gewesen. Da schwebte über ermüdeten Zuständen eine wunderbare Aufregung; da hatte sich über die allgemeine Verwesung der positiven Begriffe und Institutionen ein phosphoreszierender Schimmer von Idealismus gezogen, der sich zuletzt in einen erschrecklichen Brand entzündete.

Der Geschichtsschreiber würde Mühe haben, sich in alle diese Anfänge sogleich zurecht zu finden, wenn sie nicht ein so entscheidendes Ende gehabt hätten. Der Abschluß des Jahrhunderts erleichtert ihm sein Geschäft, gibt ihm ein sicheres Ziel und für die einzelnen Bildungsmassen ein ordnendes Teilungsprinzip.

Ich dächte die Ökonomie seiner Darstellung müßte darauf ausgehen, das achtzehnte Jahrhundert zuerst in würdigen und pomphaften Schleppzügen auftreten zu lassen; denn klassische Perioden sind es, die in England sowohl wie in Frankreich an der Schwelle des Jahrhunderts standen; dort der neue würdevolle und gelehrte Dogmatismus der skeptischen Empirie, hier die wallende, stolze Allongeperücke des Siècle. Doch schon begannen Voltaire und Hume die Tempelgeheimnisse der akademischen Weisheit an größere Massen zu bringen. Die Bewegung der Geister wird schneller, behender. Man sieht die Ziele näher, und da sie in der Tat nur immer entfernter liegen, so überhastet man sich, die großen Geister kommen immer mehr unter das Volk, schon hört man ihren Atem und sieht, was sie für Kleider tragen. Individualitäten der wunderlichsten Art geben den Ton an; Autor und Publikum stehen nicht mehr in dem Verhältnisse hochachtungsvollen Respektes, sondern die Wahrheit steht mit dem Publikum auf du und du, jede neue Entdeckung ist eine Freundschaft, die Geheimnisse des Herzens lösen sich, Sprache und Mitteilung werden vertraut, die Literatur läuft in ihrem Charakter und Tone beinahe schon auf nichts als die Leidenschaften der Liebe und des Hasses hinaus; Schrift und Zeit beschleunigen sich wechselseitig, bis zuletzt die eine über die andere stürzt und alle sichere Form in ein ungeheures schreckhaftes Chaos auseinanderfließt.

In einer so leidenschaftlichen Bewegung der Begriffe und ihrer Ausdrücke saß nun das Individuum mitten in den meist feindseligen Widersprüchen inne. Früher machte es die Zahl voll, früher mußte es um Erlaubnis bitten, zu einer Audienz bei der Literatur zugelassen zu werden; aber jetzt ist es plötzlich in den Kreis der Allgemeinheit aufgenommen und gibt seine eigene Stimme ab. Natürlich, die Verschiedenheit der Meinungen zwang die Verfechter derselben, Unterstützung für die ihrige zu suchen. Parteiung tritt an die Stelle der exoterischen Andacht; die Interessen ziehen Scharen von Beteiligten und Verbündeten nach sich, und die Literatur wird das Vehikel dieser Interessen. Allmählich werden die, welche lesen, die Faktoren des Schriftwesens; die Bücher nähern sich den Briefen; für alle europäischen Literaturen legt sich der Grund zu jener ungeheuren Produktionsanregung, durch die der Journalismus zuletzt eine Macht wurde, welche die Literatur selbst zu verschlingen drohte.

Auch hat man nie wieder gesehen, daß das Individuum sich selbst so entschieden zum Echo des Organes der Kultur machte, wie im achtzehnten Jahrhundert. Aus angebornen Lebensverhältnissen, Sitten und Gewohnheiten herausrückend, Vater und Mutter verlassend, und das erwählte Lebensziel, besonders wenn es eine Stelle in der politischen Maschine war, als das Widerwärtigste Preis gebend, machten sich die aufgeregten Köpfe zur Abspiegelung des Neuen; traten zu allen Vorschlägen gläubig hinzu und opferten oft dem Scharlatanismus ihr innerstes Vermögen. Dies war nicht die tote Herrschaft des Buchstaben, sondern die Kraft der aus den Schriften jener Zeit dringenden Persönlichkeit, die Kraft jenes gewaltigen Axiomes des achtzehnten Jahrhunderts, daß die Menschen besser wären, als die Dinge. Diejenigen Gemüter, welche von jener Kraft der Persönlichkeit empfinden, suchten aus derselben auch wiederzugeben und schufen dadurch für die menschliche Existenz eine Wechselseitigkeit der Berührungen, die auch den Unbedeutendsten durch das Gefühl einer an ihn ergehenden Mission aus seiner Sphäre heraus hob. Die Familiaritäten der großen Geister erstreckten sich bis in die weiteste Abgelegenheit, und so mußte es denn freilich geschehen, daß Irrtum, Freundschaft, Verbrechen, Wahrheit, Lüge, Tollkühnheit, alles vom Schicksal in dieselbe Kategorie gestellt wurde und beim allgemeinen Sturze eines am andern sich haltend, der ganze wunderbare Bau jener Zeit in Trümmer sank.

Von diesen denkwürdigen Bewegungen blieb keine ohne Einfluß auf Deutschland. Für jede Idee, die über die Grenze kam, fanden sich Apostel, Märtyrer, ganze Gemeinden und veranlaßten Widersprüche oder weitere Begründungen, welche zuletzt in den Deutschen selbst die Originalität weckten. Die französischen und englischen Einflüsse mußten um so entscheidender auf Deutschland wirken, und in diesem Lande den ganzen Kern des achtzehnten Jahrhunderts zusammendrängen, als da selbst das Terrain so gänzlich unbebaut war; als sich alle neuere Kultur dort von der untersten Stufe aus bis zur höchsten entwickeln, von dem braven und beschränkten Verstande des Bürgers, bis zur akzeleriertesten Beweglichkeit des feinen Esprits steigern konnte. War hier doch die schöne und gelehrte Literatur nur bisher das Eigentum der gelehrten Stände und der Katheder gewesen. Lohenstein, Hoffmannswaldau waren elegante Hofkavaliere, Canitz und Günther Edelleute, und noch Albrecht von Haller war ein vornehmer Mann, Ritter des Nordsterns, Herr von Goumoens, le Jux und Eclagnes, Präsident zweier Akademien und Mitglied von dreizehn gelehrten Gesellschaften!

Von dieser Sphäre aus war keine Regeneration zu erwarten, sondern die niedern Stände übernahmen die fortgesetzte Bestimmung der Literatur und versuchten sich zunächst in der trockenen moralischen Satire und dem komischen von England geborgten Lehrgedicht. Rabener verdient die Anerkennung, daß er der Bürgerklasse für die Literatur ein Privilegium gab, indem er den schlichten Hausverstand derselben zum Richter über die Gebrechen und Torheiten der Menschen setzte. Die gelehrte Sprache von ehemals war für diese Übungen des Witzes und der Phantasie kein notwendiges Requisit mehr, ja sie brauchte kaum abgeschafft zu werden, da für ihren Pomp die naiven und bürgerlichen Gegenstände nicht mehr passen wollten und sie sich, wo sie nicht als Travestie benutzt wurde, von selbst verlor. Rabener sicherte sich seine Tätigkeit, indem er die Vorsicht hatte, die höheren Stände zu schonen und sich mit der Persiflage von Advokaten, Ärzten, Frömmlern und mannigfachen Lebens- und Empfindungskreisen ohne Privilegien zu begnügen. Die höheren Stände blickten auf diese Erweckung der guten Köpfe sorglos herab, auf eine Rührigkeit des gutmütigen Volkes, das sich unter einander zum Gegenstande seiner rege gewordenen Geistestätigkeit machte. Ja die Satire wandte man sogar auf sich selbst an, wie Rabener, der damit der Welt zeigen wollte, wie wir von so vielen Verhältnissen, Neigungen und Begriffen verstrickt sind, über welche zuerst wir wohl selbst den Kopf schütteln müssen. Das erzeugte denn eine frische Lust des Daseins, eine Behaglichkeit an den beschränktesten Zuständen, Emsigkeit und Rührigkeit in Ausmalung der kleinen provinziellen Verhältnisse, in denen man nicht ohne Ironie über sich selbst aber doch mit Vergnügen lebte, zuletzt auch, trotz aller Herzlichkeit und selbst geistreichen Wesens, immer noch ein respektvoller Pedantismus, den selbst Geßners arkadische Schäfer mitten unter ihren Ziegenböcken nicht verbergen konnten. Von einer so kindlichen Stufe nun allmählich die Deutschen zu erheben und sie mit jenem Spiritualismus enden zu machen, wie ihn die sublimsten Kulminationspunkte unserer Literatur am Ende des vorigen Jahrhunderts zeigen, das konnte nur durch jene wunderbare Aufregung und Empfänglichkeit der Gemüter bewirkt werden, welche in der zweiten Hälfte des vorigen Jahrhunderts von außen kommend, sich auch den Deutschen mitteilte. Die Nation gab für alles, was sie bekam, aus sich selbst das Mögliche hin und brachte es auf dem Altar des unbekannten Gottes, welchem das achtzehnte Jahrhundert opferte. Wer war dieser unbekannte Gott? Man wußt' es nicht, man ahnte es, und doch versah sich niemand, daß der Gott die Revolution war, jene entsetzliche Tatsache, der sich auch Deutschland nicht entziehen konnte und der es diente, wenn nicht als Hammer, doch als Ambos.

Den Übergang aus der für das Ausland klassischen, für Deutschland aber altfränkischen Halbscheid, in die Periode der Beschleunigung und Aufgeregtheit, bildete die Epoche der Empfindsamkeit. Das Herz reagierte gegen den Skeptizismus. Der kalte Zweifel löste sich in das Gefühl der Unzulänglichkeit und in eine Sehnsucht ohne Bestimmtheit auf. Möchte man nicht auch hier wünschen, daß irgend eine begabte Feder die Vorseufzer, die dort und da, aus der Brust der europäischen Gesellschaft stöhnten, aufzeichnete und uns eine vollständige Geschichte jener melancholischen Lamentationen lieferte, welche zuerst in England angestimmt wurden?

Es war nicht bloß die Klage, sondern oft eine Tat, die der Verzweiflung folgte; nicht selten der Selbstmord. Youngs Nachtgedanken wirkten schon in dieser Art, daß sie die Herzen der Zeitgenossen mit einer ungeheuern trübsinnigen Öde erfüllten und sie das bittere Gefühl kosten ließen, wie beim Anblick des nächtlichen gestirnten Himmels das Geheimnis des Lebens in andern Lauten zu flüstern scheine als an der Helle des Tages und man ein Los, in dessen Wahl sich der Schöpfer vergriffen zu haben schien, dadurch rächen könne, daß man es endete. Lassen jene optimistischen Gedichte, die mit frivoler Philosophie aus der Feder Voltaires kamen und mit einem sehr edeln Enthusiasmus aus der didaktischen Leier Popes, nicht schon den ganzen Abgrund melancholischer Verzweiflung ahnen, welchen die Epoche der Empfindsamkeit vollends aufreißen sollte? Wenn uns Pope mit einer blühenden und majestätischen Rhetorik die Harmonie des Weltgebäudes zu erklären sucht; wie kann er hindern, daß nicht in seine Wunder das Gefühl unserer selbst, in eine Hymne auf die Konstruktion des menschlichen Auges, die Anschauung dessen, was das Auge sieht, als schrillender Mißton einfällt und sich sein begeistertes Gedicht zuletzt nur wie ein Traum auf unserer Sehnsucht wiegt, auf dem lechzenden Verlangen, auch im Einzelnen die Erfüllung dessen zu treffen, was vom Allgemeinen wir in einer so strahlenden Vision sahen! So arbeitete die Unruhe der Menschheit selbst durch die Fesseln, die sie besiegen sollte, sich hindurch und quälte sich gerade in dem, was man ihr als Trost anbot, bis sich zuletzt ihr klopfender Puls in jene wehmutsvollen Empfindungen auflöste, die uns so mächtig ergreifen, weil wir die Revolution erlebten und diese Rührung als eine schmerzliche Ahnung derselben betrachten müssen. Es sind aber besonders Rousseau und Sterne, die hier genannt werden dürfen.

Diese beiden Geister, welche auf die Mitte des achtzehnten Jahrhunderts Beschlag gelegt hatten, konnten sich wechselweise durch ihre Verschiedenartigkeit ergänzen. Wo der eine weinte, lachte der andere; wo jener zürnte, war dieser versöhnlich. Ihre Äußerungen hatten Ähnlichkeit, doch war die Quelle derselben verschieden. Die Empfindung des einen war so aufrichtig wie die des andern; doch abstrahierte Rousseau jenen Schmerz, den Sterne aus Instinkt fühlte.

Der gute Rousseau! Ein mittelpunktloser unvertilgbarer Abandon an das Zufällige, Leichtsinnige und Gedankenlose stürzte ihn in tausend Handlungen und Verhältnisse, die er darauf mit einer Verzweiflung bereute, daß man seine Schriften, die Selbstkasteiungen eines Trappisten nennen könnte. Es macht Entsetzen, jene Gedankenlosigkeit und Oberfläche zu betrachten, mit welcher Rousseau die schönsten Jahre seiner Jugend vertrödelte, wie er sich als ein kindisches, träges und bewußtloses Nichts an ein Verhältnis hingab, in welchem mehr Schande als Vergnügen zu gewinnen war. Freilich ist es schön, daß Rousseau seine Lügen, Diebstähle und andere Verbrechen, nicht im Allgemeinen auf die menschliche Natur schob, sondern sich selbst mit einer bewundernswerten Strenge dafür verantwortlich machte; aber wie die Folge einer solchen Selbstpeinigung, die bei einem edlen tugendhaften Charakter sich von selbst verstehen mußte, seine reuevolle Empfindung, als etwas Außerordentliches und Neues betrachtet werden konnte, wie sie so viel Echo finden und sich ganz Europa als eine Dissonanz des tiefsten Schmerzes mitteilen konnte, das ist eine merkwürdige Tatsache. Rousseau erfreute sich einer so lebhaften Sympathie, daß er durch sie für die zahllosen Verfolgungen seiner Gegner entschädigt war. Es wurde Mode sich verkannt zu glauben und sein Herz in die Brust Mitfühlender, wie man damals zum Erstenmale sagte, auszuschütten. Man spekulierte auf sogenannte verwandte Seelen, und im Arme der Freundschaft auf irgend einer kleinen Insel des Genfersees, unter hängenden Trauerweiden, neben einem Postament von Sandstein, wo sich Amor und Psyche umarmen, fand man Ersatz für eine Welt, die man sich nicht gräßlich genug ausmalen konnte. Rousseau appellierte unaufhörlich an die verwandten Seelen; sie waren seine Vertrauten, sie sein Trost. Ihnen klagte er, wie Paris, der gottlose verzogene Anti-Emil, mit seinem Lehrer umsprang, ihm Fledermäuse an den Haarbeutel steckte und ihm dänische Hunde auf den Leib jagte, so grimmig, daß Rousseau in die Höhe springt, um den Hund unter sich durchzulassen, dabei das Gleichgewicht verliert, stürzt und nur mit dem Verlust von drei Vorderzähnen und einer allgemeinen Schindung seiner Gesichtshaut wieder zum Bewußtsein kommt. Jedes schiefe Gesicht einer maliziösen jungen Frau, die ihn frägt: haben Sie Kinder gehabt,

Herr Rousseau? Jede Inkonsequenz, wie er, dessen Wahlspruch hieß: vitam vero impendere, zitternd und lügend geantwortet: nein! Alle diese Leiden und Foltern seines Herzens teilte er den gleichgestimmten Seelen mit, und Tränenströme flossen von Sympathie, die stark genug waren, in Montmorency seine Weiden zu bewässern.

Sterne dagegen trat nicht so subjektiv vor die Menge; er lamentiert weniger über die Bosheit, als über das Unglück der Menschen. Dieser herrliche Engländer hat, was ihn selbst betrifft, immer guten Mut; nur wenn er zu andern tritt, gehen ihm die Tränendrüsen auf. Der Mönch, der in Calais bettelt, der Ludwigsritter in Versailles, welcher Pasteten verkauft, das sind Situationen-Wellen, welche so lange sein Herz umspülen, bis er mit allen seinen Remisenabenteuern und Kammerzofenepisoden in das weiche Bette seiner Empfindung fällt und er, eben im Begriff zu lachen, in Tränen ausbricht, bis er nicht mehr dämmen kann. Rousseau wirkte auf verwandte, Sterne auf schöne Seelen. Jener ist sentimental, dieser humoristisch. Rousseau mußte durch die Nachahmung verlieren; Sterne war so glücklich Nachahmer zu finden, welche ihn ehrten. Der vortrefflichste und über ganz Europa siegreiche war aber der Vicar von Wakefield. Dieser Charakter mit seiner feinen Selbst-Ironie und unverwüstlichen Gutmütigkeit brachte in Deutschland eine magische Wirkung hervor und ist zugleich eines der ersten Bücher, daß auf Goethes Herzens- und Geistesbildung, seinem eigenen Berichte nach, von entscheidendem Einflusse war.

Die ersten allgemeinen Tendenzen von welchen sich unser Dichter näher berührt fand, sind nun zunächst jene schon erwähnten naiven, herzlichen und etwas pedantischen Bestrebungen unserer Nation, die durch Rabener, Zachariä und verwandte Geister des Tages geschürt wurden. Ihr harmloser, wenig überdachter und aller Welt verständlicher Inhalt, lockte die Nachahmung so glücklich an, daß vieles damals nicht gedruckt wurde, was, obschon aus der Feder von Dilettanten geflossen, doch mit den schon renommierten Autoritäten des Tages die Vergleichung hätte aushalten können. Aber noch blieb Goethe außer allem im Zusammenhange mit der Öffentlichkeit. Die Literaturbriefe erregen ihn nicht, und wenn ihm auch Gellert als der vollständige Ausdruck alles Tüchtigen erschien, so war dies mehr der Eindruck, den Gellerts Charakter auf ihn machte, der Eindruck einer persönlichen Würdigkeit, mit allem Rechte vorm Volke zu reden. Wie wenig klar und im Zusammenhange er sich seines Strebens bewußt war und wie gering noch auf der andern Seite die Befriedigung seines Geistes sein konnte, welche ihm die Tagesordnung anbot, zeigte der schlagende Eindruck, den Gleims Kriegslieder und später Minna von Barnhelm auf seine ästhetischen Vorstellungen machte.

Die Poesie der damaligen Zeit war erlogen, ihre Anschauung dem Altertum entnommen, nicht einmal aus reiner Quelle, sondern durch Gallische Vermittelung. Mitten unter diese Surrogate der Poesie warfen Gleim und Lessing das Erlebnis des Tages hinein, Taten, die alle sahen, einen Enthusiasmus, den alle fühlten, und Zustände, die jeder mit seinen eigenen vergleichen konnte. So bekam plötzlich die Literatur eine frische und natürliche Farbe, ein individuelles dichterisches Gepräge, gegen welches selbst Klopstock mit seinem zwar belebenden aber doch immer nur erfundenen Interesse in den Hintergrund treten muß.

Wie jedoch Goethe damals war, so fehlte ihm noch die hinlängliche Reife, um Eindrücke so schlagender Art zugleich als Epoche machend zu verstehen und festzuhalten, geschweige gar durch eigene Produktion teilnehmend sich ihnen anzuschließen. Die wenigen Anknüpfungspunkte an die Literatur, welche er in Leipzig schon gewonnen hatte, gingen ihm in Straßburg wieder verloren. Die weiteren Fortschritte zu vergleichen, wurde er durch Entfernung und Brotstudium abgehalten. Sogar das Technische in der poetischen Kunst, die innere Maschinerie in der poetischen Wirkung vergaß er so sehr, daß Herder in ihm einen jungen Mann kennen lernte, der ihm nur ein gutmütiger Leser zu sein schien, ein unbefangener Interessent der Literatur, der sich düpieren ließ und das Schöne mit offenem Munde anstarrte. Und war dennoch Goethe nicht glücklich, daß ihn die Umstände aus seiner frühzeitigen Produktionslust herausrissen und sich sein Geist durch längeres Brachliegen erholte, um die Saatkörner neuer und reifer Ideen desto besser zeitigen zu können? Bei den meisten bewährt sich die traurige Erfahrung, daß sie in einem Alter lernen, wo sie kein Urteil haben; und daß sie endlich im Besitze des Urteils, statt nun erst zu lernen, dann schon zu produzieren anfangen.

Das Interesse an großen Geistern, welches jugendliche Seelen erfüllt, pflegt immer nur einzelne Teile zu treffen, die sie sich von einer im Ganzen und Großen schwierigen Persönlichkeit zu ihrer eigenen andächtigen Verarbeitung loszutrennen wagen. Indem sie bei großen Vorgängern sich am liebsten in der Richtung halten, wo sie deren Atem hören und das Außerordentliche als etwas allen, also auch ihnen Gemeinsames reduzieren können, glauben sie sich im Zuge der Vervollkommnung mit desto glücklicherem Erfolge anzutreffen. Im achtzehnten Jahrhundert fanden sogar die Tendenzen gar keinen andern Ausdruck als einen persönlichen und bilden darin einen vollkommenen Widerspruch gegen unsere Zeit. Wir, schon daran gewöhnt, daß die Schrift im allgemeinen ihre die positive Macht vertretende und schlagende Gewalt verloren hat, und die Tendenzen nach dem Anhang ihrer Bekenner numerisch abschätzend, knüpfen unsern Enthusiasmus selten mehr an Individualitäten an. Als Prüfstein der Tendenz verlangen wir sogar die Verleugnung der Individualität und sind durch mannigfache Erfahrung und durch nichts so sehr als durch Selbsttäuschung längst dahin gelangt, an keine Idee zu glauben, die man nicht ebenso gut eine Tatsache nennen dürfte. Im achtzehnten Jahrhundert aber war der Autor noch Prophet und seine Schrift die Ergänzung eines Evangeliums, das sich am vollständigsten durch sein Leben selbst auszusprechen schien.

In dieser Art umfing auch Goethe, was damals an Namen und Interessen auf dem Meere der Öffentlichkeit auftauchte, und durchschaute bei dieser Begünstigung seiner Zeit die innern Prozesse der tonangebenden Talente. Rousseaus Subjektivitäten mögen hier als abstoßender Pol gewirkt haben; wenigstens läßt Goethes spätere Zukunft erraten, daß ihm auch schon früh eine Lebensanschauung widerstehen mußte, die zu krankhaft war, um sein gesundes Urteil, und zu monoton, um seine Phantasie zu befriedigen. Rousseau offenbarte Schicksal genug, aber wenig Leben. Seine Empfindung war Einseitigkeit, und, düpiert an allen Ecken und Enden, mußte zuletzt seine Glaubwürdigkeit selber wanken. Goethe merkte bald, wo zuletzt diese Lamentationen über Verfolgung und Seelenfreundschaft hinaus kamen, und formte sich jenes sichere Urteil, das im Pater Brey scharf genug ausgesprochen wurde.

Goethe erlag bekanntlich dem Zuge der Sentimentalität, aber sie mußte einen etwas farbenreichen Hintergrund und im Vordergrunde etwas mehr als nur umarmte und mit Tränen benetzte Bäume haben. Hier eben ging ihm die humoristische Gruppe des Vicars auf und verließ ihn während einer ganzen Periode seines Lebens nicht. Was er hörte und sah, wohin er kam und wo er beobachtete, überall fühlt' er sich versucht, um das teure Bild einen neuen Rahmen zu ziehen. In Sesenheim, in Wetzlar glaubt' er, durch dortige Zustände bezaubert zu werden, so ähnlich waren sie der Dichtung Goldsmiths um so mehr, da Thornhills Rolle in sein Inneres manchen finstern und dämonischen Schlagschatten warf. Werther war der vollendetste Ausdruck dieser gefühlvollen Nervenregungen, und ohne es zu wollen, gelang es Goethen, mit dieser Dichtung die Empfindungen aller seiner Zeitgenossen zu galvanisieren.

Aber gleich nach diesem ersten Triumph erhob sich Goethe über den Charakter des achtzehnten Jahrhunderts. Eben eine Tendenz geworden, Repräsentant einer Stimmung, die man nach ihm bezeichnete, Fürst und Herr aller empfindenden Herzen, flüchtete er sich von dem schnell eroberten Throne und duldete, obgleich den Ruhm nicht verschmähend, doch keine Konsequenz des Ruhmes. Mit dem Grundsatze, daß Dichtung Befreiung der Seele ist und der Schmerz sich abkühlt, wenn er historisch wird, erhielt sich Goethe oben auf dem Niveau seines Jahrhunderts. Er begann zum Erstenmale gegen ein Vorurteil zu kämpfen, und das Vorurteil seiner Zeit war die fortgesponnene Empfindung, war jenes Einfache und Partikuläre, das man zur Manie erhob, war jene vergötterte Erinnerung, welche die gottvollere Zukunft niederdrückte.

Von dieser Zeit an, wo Goethe die Dichtung für Abschließung vorangegangener Verhältnisse und nur im Sinne von Vergessen für Trost erklärte, kömmt in die Geister eine neue Bewegung. Leben wird Bereicherung, Denken wird Erfahrung, Dichten wird jene kluge Maßregel, wo man durch einen unwegsamen Wald Steine säet, um auf alle Fälle den

Rückzug wieder zu finden. Dies frivole Bestreben sollte erst mit einem Widerspruche endigen, als die Revolution die Exzentrizität des Gemütes überraschte und dem egoistischen aus der Lüge die Wahrheit saugenden Genie in die Zügel fiel. Die Revolution frug: Wohin führ' ich dich zurück, du Mittelpunktloser? Und das Genie hatte so wenig für seinen Rücken gesorgt, daß es in der Eile keine andere Wohnung wußte, als die Prosa. Alle Empfindungen, die ihr Herz mit der Geschichte der Zeit parallel ausgebildet hatten, verletzte Goethe am Schluß des Jahrhunderts so hart, daß Unbillige niemals wieder mit ihm an eine Aussöhnung dachten.

Die Herz- und Geisttendenzen, welche in der zweiten Hälfte des vorigen Jahrhunderts Deutschland beherrschten, lassen sich auf zwei Erscheinungen zurückführen, die eben so sehr individuell wie allgemein waren und durch Lavater und Basedow am schärfsten bezeichnet werden. Beide Richtungen gingen von demselben Anfange aus und bedienten sich, um zu ihren Zielen zu gelangen, derselben Mittel. Rousseaus das ganze vorige Jahrhundert ergreifender Einfluß ist auch hier unverkennbar; nur, daß in Deutschland seine Tendenzen durch den Charakter der Nation ein theologisches Beigemisch erhielten, das ihm selbst fremd war.

Lavater ist ein merkwürdiger Beweis, wie man bei gänzlichem Mangel zureichender Bildung dennoch überzeugen kann, einzig und allein durch die Wahl der richtigen Töne. Lavater überzeugte nicht einmal von seinen Intentionen, sondern nur von seiner Person. Er hatte sich mit seiner naiven Unbefangenheit, mit einer bei aller individuellen Liebenswürdigkeit doch unstreitig immer ein wenig überlästigen dreisten Treuherzigkeit, so weit unter die Masse gewagt, daß er, ehe man ihm Glauben schenkte, zuvor Beweise über sich selbst liefern mußte. Und in diesem Betracht war Lavater wahrlich ein Wundertäter! Eine aller Welt klar vor Augen liegende falsche Exegese, eine von ihm selbst zugestandene Unzulänglichkeit im Wissenschaftlichen; eine unleugbare den freien Geist beleidigende Intoleranz, die unverholene Absicht, eine Sekte, man weiß nicht auf wessen Namen zu stiften – dies alles unumwunden ausgesprochen, von vielen verdächtigt, von allen widerlegt; und dennoch gerade in den mißlichsten Punkten der ungeheure Fortgang, der hingebendste Enthusiasmus. Dieser Triumph war nur in damaliger Zeit möglich, denn wodurch siegte Lavater? Durch seine persönliche Gegenwart; auch durch seine Gegenwart bei dem, was er schrieb, durch die zuströmende, muntere und geschwätzige Quelle seiner Naivetät, durch die Originalität des Irrtums und die Wunderlichkeit seiner Intoleranz. Dazu gesellte sich das große physiognomische Kunstnetz, wo von den fatalsten Karpfen- und Forellenprofilen an jede unbedeutende Visage als ein Beitrag zu einer das Jahrhundert aus seinen Angeln hebenden Wissenschaft angesehen und zugleich das Verbündungsinteresse für die mannigfachen Intentionen des klugen Menschenfischers in Zürich gefangen genommen wurde. Es bildete sich ein öffentlicher Geheimbund der physiognomischen Bevorzugung, eine vollständige Verschwörung der schönen Seelen, welche Lavater in dem bekannten großen Gesichtsherbarium auftrocknete. Mit hunderterlei Aufgaben hielt sich Lavater seine Gemeinde zusammen. Er forderte z.B. jeden Menschen, d.h. nach seinem Systeme jeden Christen auf, sich hinzusetzen, den Heiland so zu zeichnen, wie er sich ihn ungefähr vorstellte, und das Bildnis dann portofrei nach Zürich zu schikken. Konnte den damaligen Gemütsegoismus etwas heftiger anschüren? Nicht nur, daß selbst die kläglichste Zeich-

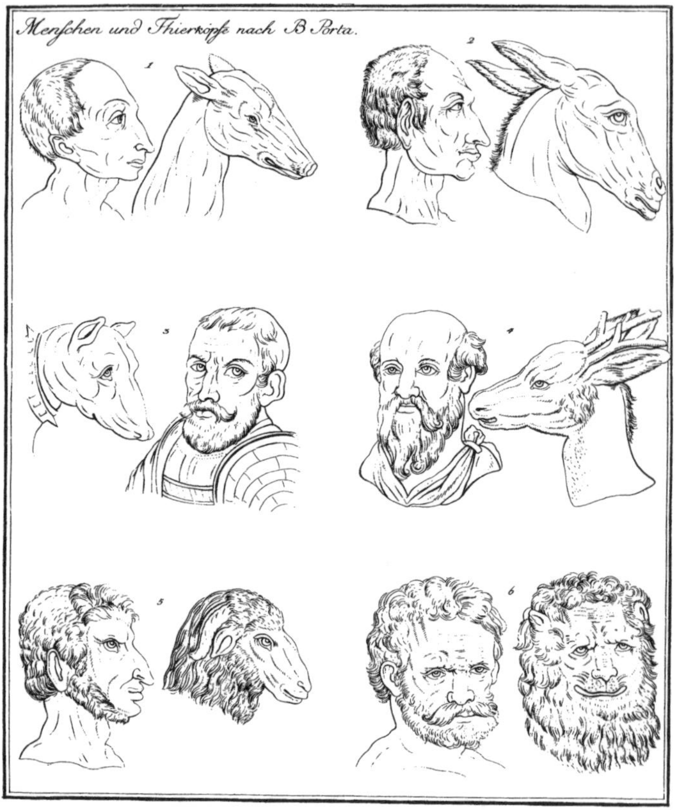

Johann C. Lavater: Menschen und Tiere

nung von Lavater hier als ein Meisterstück der Herzoffenbarung angenommen und die stille Überzeugung genährt wurde, daß zuletzt vor Gottes Thron jeder Pfuscher ein Raphael wäre; sondern hier durfte auch der kleinste unter den Menschen seine Gesichtszüge dem Größesten unter ihnen unterschieben. Wie berechnet war diese Koketterie in einem Zeitalter, wo sich jeder, der einen Brief an einen großen Geist schrieb und sich von ihm einen Vers in sein Stammbuch herauslockte, für eine der inhaltsvollsten Fermaten im Notensatze der Schöpfung hielt! Die Wirkung Lavaters pflanzte sich zunächst fort auf Jakobi, wurde dann durch die Kreise der Fürstin Gallizin unterstützt und bereitete in Deutschland jene prüde, selbstbespiegelnde und empfindsame Tendenz vor, von welcher wir noch immer nicht ganz geheilt sind. Ja man muß sie als ein Glück anerkennen, wenn sie den jetzt grassierenden eben so gemüt- wie geistlosen Pietismus ein wenig beschönigt und ihn hie und da zwingt, wenigstens eine honette und ihres Verstandes nach frohe Gesellschaft zu bilden.

Goethe weidete sich an den Persönlichkeiten, die sich während dieses flüsternden Geisterzuges zuweilen prägnant herausgaben; doch die Tendenz selbst betreffend, zog er es nach seinem launigen Gedichte vor, lieber einen Rheinsalmen zu essen, selbst wenn Lavater, der Prophet, in eigener Person zugegen ist.

Und zur Linken saß ihm in Koblenz die zweite Halbscheid des denkenden und fühlenden Deutschland, der gesunde, trockene und despotische Menschenverstand, die neue Pädagogik, der grimme Basedow.

Nichts ist so schreckenerregend, als glühender Enthusiasmus für nüchterne und formale Begriffe. Basedow war gewiß heilig durchglüht von seiner neuen Erziehungsmission, aber was in Rousseaus Emil poetische Philosophie ist, eine liebenswürdige Allgemeinheit und Wärme, selbst bei den tyrannischen Vorschriften über Selbstsäugen, Mehlbrei, Fallhüte und Saugbeutel, das kam bei Basedow immer nur in systematischer und elementarischer Trockenheit zum Vorschein. Basedows Erziehungsideal war nur Erleichterung des Unterrichts. Seine Doktrin war Methodik, und das Ziel, welches ihm vorschwebte, wurde allmählich statt des Kindes der Lehrer. Basedow bekämpft die Illusionen; das war schön; aber er terrorisierte auch die Gefühle. Er riß mit dem wuchernden Unkraute der Phantasie zugleich die duftende Blume der Poesie aus. Statt den Humanismus durch den Realismus zu ergänzen, hob er den ersteren auf und setzte den letzteren an dessen Stelle. Sein Streben um Popularität, Volksunterricht und Aufklärung des Christentums verdient die Anerkennung jedes Freundes dieser Tendenzen, doch wurde durch die Einseitigkeit statt des alten ein neuer Dogmatismus erzeugt. Jede Intoleranz, die uns an einen sehr weiten Glauben schmieden will, ist zuletzt willkommener, als ein Glaube, der überall zu eng ist, und wo wir kaum mit den Armen in Öffnungen hineinkönnen, welche für unsere Beine gemacht sein wollen.

Die zweite Tendenz hielt der ersten das Gegengewichte und bildete die andere Anschauungsweise unserer Nation, die in verschiedenen Fächern und Zeiten sich immer wieder erneuernd, noch heute ein wirksames und als Gegenmittel gegen das andere Extrem sehr schätzenswertes Recht hat. Goethe, ein Feind der Illusionen, achtete das Recht immer und hat sogar im Anfang seiner Laufbahn versucht, durch eine theologische Broschüre dafür zu arbeiten. Doch die Wiederholung derselben Zirkel, in welchen sich alle theologischen Parteien bewegt haben und noch bewegen, ermüdete ihn, und er leugnete nicht, daß, während der

Prophet der zweiten Richtung sich an der Wirtstafel in Koblenz gegen einen Tanzmeister im Zusammenhange aussprach, er keinen Anstand genommen hätte, einen gebratenen Hahnen zu verzehren.

Wenn nun so die Zweige der laufenden Kultur hinter ihm zusammenschlugen, wohin entschlüpfte da der Harzwanderer? Schon nehmen mancherlei Tendenzen in Religion und Philosophie ihren rauschenden Gang. Kant und Jakobi eröffnen ihre Schulen. Die Geister erklimmen entweder die schwindelnde Höhe einer alle sinnliche Wahrnehmung überflügelnden Abstraktion oder vergraben sich immer tiefer in die kleinen Ritzen des menschlichen Herzens und knüpfen an das Nächste das Entfernteste. Wenn nun auch Goethe sich keiner dieser Erscheinungen um so weniger entzog, da die Streitenden oft Miene machten, seinen Ruhm in ihre Interessen zu verwickeln, so hielt er sich doch außerhalb des Kampfes selbst, Wirbel vermeidend, deren aufgeregte Resultate oft nichts anderes als Staub waren. Seine Betrachtungen über diese Zeitphänomene beschränkten sich nur auf Parallelen und Vergleiche, angestellt zwischen dem Objekt dieser Kämpfe, der naiven Präsentation desselben als einem Problem und jenen undankbaren Mühen, eine Schale zu zerbrechen, wo ihm wenigstens der Kern noch weniger zu gelten schien, als die Schale selbst. Im Faust sprach Goethe diese negative Teilnahme an der Philosophie am lebhaftesten aus. In den beiden Hauptgestalten des Gedichtes, Faust und Mephistopheles, zeichnete er zwei wechselseitig sich aufhebende Richtungen; einerseits den Drang des Innern der Dinge zu erkennen und andererseits das drängende Innere der Dinge selbst, das im Offenbaren und Äußern, in der Erscheinung sich zu begreifen sucht. Kern und Schale, beide treibt dieselbe Neigung. Sie weichen eine dem andern, um hier das

Offenbare, dort das Verborgene zu sehen. In allen Erscheinungen der Natur und Geisteswelt nur Gesetz und Notwendigkeit erblickend, unterwarf sich der Dichter gern den heiligen Schauern derselben und opferte ihnen die unruhige Freiheit des Gedankens. Er nahm die Philosophie und Religion als ein Kunstwerk, wo die beglückende Wahrheit des Gefundenen! doch immer nur Reflex der Individualität ist und ließ schwerlich ein System gelten, das für zwei Personen eine und dieselbe Richtschnur sein wollte. So fehlte es ihm aber in den höchsten Fragen der Menschheit niemals an Anknüpfungspunkten, wo er frei von ihrer wirren Debatte, doch auf Menschen und Dinge die weisesten und tiefsten Schlaglichter der Spekulation fallen lassen konnte. Denn dasjenige überrascht immer und ist das geistreichste, was aus der nächsten Umgebung und dem einfachen tatsächlichen Objekte einer sich selbst überflügelnden transzendenten Untersuchung durch eine plötzliche neue Wendung den Zuruf der Besonnenheit gibt.

Ob aber gleich den tumultuarischen Debatten seiner Zeit fern stehend, konnte sich doch Goethe auf der andern Seite nicht entschließen, nur die rein ästhetischen und künstlerischen Gleise von Klopfstock, Wieland und den andern auszufahren. So das eine suchend und das andere vermeidend, das Fremde verachtend und durch das Eigene gelangweilt, ergriff den Dichter eine unbehagliche Stimmung. Es beschlich ihn das Gefühl einer Isolierung, welche auf seinen Charakter, seine Lebensphilosophie und seine Dichtung entscheidend einwirkte. Goethes Maxime war in diesem mißlichen Gefühle immer die alte, die ihm früher schon den Schmerz der Liebe geheilt hatte, nämlich sich in sich zurückzuziehen. Man nennt es Egoismus und sollte es die Verzweiflung nennen, sich aus der Verzweiflung zu retten. Wenn diese Rettung in der Liebe eine Erhaltung ist, so ist sie im Leben eine Aufopferung; denn dem Dichter bot sich alle Welt an, er konnte über Tausende eine Herrschaft haben, die er verwarf; er entzog sich seinen Jüngern und Freunden, denn warum gaben sie ihm den Lorbeerkranz? Wahrlich aus Egoismus nur für das, was sie an sich selbst für bekränzenswert hielten und durch Goethes Beispiel heiligen zu können glaubten. So riß sich früheres und späteres Leben immer gähnender auseinander. Er fühlte die klaffende Wunde und suchte Heilung an der Natur und an zufälligen Studien, an hunderterlei Abwechselungen, in welche er sich stürzte, um das Steuerruder seiner selbst nicht zu verlieren. Er verlor es nicht, aber eine große Veränderung war mit ihm vorgegangen.

Sie recht schlagend zu charakterisieren, stelle man ihr nur die Vergangenheit gegenüber! In dieser Beziehung sind uns Goethes eigene Berichte, namentlich über das Wiedersehen alter Freunde von vieler Aufklärung. Der Dichter hatte der Sache kein Hehl und war fest überzeugt, daß das bessere Licht auf den Neugewordenen falle und die Altgebliebenenen in den Schatten stelle. Der Widerspruch beider Perioden zeigte sich recht schreiend und unser Herz verwundend, namentlich in den Begegnissen der Rheinreise vom Jahr 1792. Freilich konnte die üble Stimmung der entschiedeneren Charaktere durch die unbehagliche, alle Gefühle verletzende Zeit entschuldigt werden; allein es waren persönliche und auf inneren Überzeugungen beruhende Divergenzen, welche plötzlich in Goethes Verhältnissen, das früher Gleichartigste in diametrale Gegensätze auseinander gesprengt hatten. Vor zwanzig Jahren, mit welchen Gemütsstimmungen hatte Goethe damals den Rhein besucht; wie gewann er damals die Gemüter, als ihm die frischesten Balladen im Herzen schlugen und er sie in Koblenz und Pempelfort aus seiner Schreibtafel vor den

Freunden selbst rezitierte! Damals blickten aus seinem Auge Melancholie und Sehnsucht und milderten jeden Auswuchs der Originalität, den man einem so sanft bewegenden Meister leicht vergab. Dies alles war hin! Italien hatte dem unbestimmten Gefühlsdrange des Jünglings den vollsten Becher gereicht und ihn zurückgeführt von falschen, nun an der Quelle berichtigten Vorstellungen, von den zahllosen Allgemeinheiten des Idealismus auf Wahrheit, Erfahrung, auf die sichtlichen Schranken des Unsichtbaren, auf die Kunst, als eine Harmonie von Gesetzen. So entwickelte sich der Mann und gewann seiner Jugend gegenüber eine Stellung, die nicht durchaus ohne sanfte Erregung des stillen Busens, nicht ohne weiche Stimmung des Herzens blieb, die ihm aber die Garantie einer Zukunft geben mußte, die das Leben und die Neigung und jedes Gefühl beherrschte, das in uns auf und fortwuchernd uns um das Leben selbst betrüben könnte.

In dieser Metamorphose trat er in die alten Kreise bei Jakobi und der Gallizin, wo man die vorgegangene Veränderung wohl vernommen, sich aber gern von einem falschen Gerücht überredet und in dem alten Freunde sich selbst wiedergefunden hätte. Man drückt ihm Iphigenien in die Hand. Er liest und gibt sie sogleich zurück, wie etwas, das ihm fremd geworden. Die Guten haben keinen Lebenstakt. Sie bringen Ödipus auf Kolonos – es ist unmöglich, Goethe kann nur hundert Verse lesen. Hier fühlte nun der Veränderte recht tief, wie die alte Zeit kokett gewesen, wie man gern seine Empfindung zur Schau trug und sich sogar im Guten und Edeln, man möchte sagen, durch optische Vorrichtungen zu täuschen suchte. Goethe stellte seine eigene Gegenwart ziemlich schroff hin, was er dachte und was ihn interessierte, besonders die praktische Naturbetrachtung. Aber was sollten Kreise dazu sagen, wo man gewohnt war, das allgemeine Flimmern der Dinge und die Nebelhaftigkeit der Begriffe für hereinragendes Geisterleben zu halten; wo man sich sogar darauf vorbereitete, von der Natur einst zu behaupten, daß sie die Gottheit statt zu entschleiern, verhülle? Hier mußte Goethe mit seiner Urpolarität aller Wesen, welche die unendliche Mannigfaltigkeit der Erscheinungen durchdringe und belebe, mit seinem Vitalprinzip der Materie als ein Gotteslästerer erscheinen. Alle ferneren Berührungen waren für jeden Teil verletzend und mußten mit Seufzern enden, daß sich dasjenige, was sich achtete, nun länger nicht mehr lieben konnte.

In Münster glaubte Goethe besser daran zu tun, daß er sich zurückhielt, doch verdarb er es dadurch nur noch mehr. Denn nun glaubte man, daß hinter seiner Beschränkung und der Zentrifugalität seines Gespräches sich eine Gesinnung verstecke, die zu fürchten wäre. Goethes Ansichten wurden, noch ehe er sie aussprach, aus einem allgemeinen Gesichtspunkte, von welchem aus man ihn nur noch gelten lassen wollte, präokkupiert, und wenn er, erstaunt darüber, die beliebige Vorausnahme seines Urteils nicht unterschreiben wollte, so verwirrte dies das Verhältnis nur noch mehr und endete mit einem Mißtrauen, das den einen verletzte und die anderen beschämte. Man mußte sich selber Prüfungen auflegen, ob man dem Veränderten noch trauen dürfe, so gemischt waren die Empfindungen aus Ungleichartigkeit, Abstoßung und einem nichts desto weniger unverwüstlichen, wechselseitigen Interesse. Um sich selbst zu achten, mußte Goethe diesen Kreisen auf immer entsagen.

Keine Lebensphilosophie ist System. Sie ist immer nur Maxime, eine einzelne, durch Berechnung aller Umstände und aller Reziprozitäten in bestimmten Fällen genommene Maßregel, unmittelbare Eingebung eines oft natürlichen, oft von der Erfahrung gelernten Taktes. So kann auch, wollte man die Grundzüge der Goethischen Lebensphilosophie geben, ihre Darstellung nur fragmentarisch sein und muß sich auf gewisse einzelne Tatsachen beschränken. Jeder Maler hat nach langer Übung und Abstraktion von Erfolgen, die mehr oder minder glücklich waren, einige sichere Handgriffe sich erobert, die sich nicht einmal überliefern, weil sie sich kaum in bestimmten Worten ausdrücken lassen. Denn es ist das meiste von diesen Erleichterungen eine individuelle Erfahrung, eine Berechnung, die nur für das Auge und die Hand gerade dieses Künstlers und keines andern passen würde. Wo der Landschaftsmaler seine Gesichtspunkte aufsteckt, welch eine Richtung der Portraitmaler dem Profil des Sitzenden gibt, das sind keine traditionellen Begriffe, sondern Maximen, die eben so sehr auf Gewohnheit, wie Eingebung des Augenblicks beruhen.

Wenn nun hier in Betreff Goethes einiges von dem, was doch ohne Ausdruck zu sein scheint, hervorgehoben werden soll, so geschieht es weit weniger, um die Tiefen eines weisen Verstandes zu erschöpfen, als um hie und da etwas anzudeuten, das ebenso sehr in der Zeit wie im Individuum liegt und den Genius des Jahrhunderts erklären hilft.

Auch das Genie nivelliert. Denn die Form, deren es sich bedienen muß, drückt es immer etwas zur Masse herunter, während der Inhalt, den es verarbeitet, natürlich die Masse ebenso weit wieder hinauf hebt. Der Autor und die Menge begegnen sich in guten Jahren, wo die Literatur gedeiht, so, daß die Menge den Autor aufsucht; in mittleren, daß sie sich auf halbem Wege entgegenkommen; in magern Jahren, wie in den jetzigen unter uns, daß der Autor der Menge schmeichelt und sie durch hundert Vorspiegelungen, von denen die sogenannte nationale und zeitgemäße Literatur nicht die geringste ist, zu gewinnen sucht. Nichts desto weniger kann es zu keiner Zeit an wechselseitigen Akkomodationen fehlen, denn schon der Enthusiasmus des Beifalls ist es, der die Sprödigkeit des Genius bindet und depotenziert.

An dieser Stelle begann Goethes Leiden. Er verachtete die Konsequenzen seines Ruhmes. Sie sind lästig; keine Huldigung wird ohne Interesse dargebracht. Ist nicht das schon ein Interesse, daß an dem Bewunderer die Fähigkeit, das Außerordentliche anzuerkennen, ebenfalls anerkannt werde? Will nicht jede dargebrachte Liebe, wenn nicht Erwiderung, doch Wertschätzung eintauschen, und ist es darum nicht oft ein größeres Glück, verkannt zu werden, als, begriffen und gepriesen, vor keiner Zumutung mehr sicher zu sein? Jeder Ausbruch der Bewunderung fügt zu dem Stolze, den der Gegenstand derselben empfinden muß, einen schmerzlichen Dorn hinzu. In guten und bescheidenen Seelen ist schon die Anbetung eine Pein; eine wehmütige Rührung möchte gern alles Rühmliche ungeschehen machen und sich der Vergleichung entziehen, welche zwischen der Aufgabe und der Leistung angestellt wird; zwischen dem, was man einmal konnte und was man nun immer wird können müssen. Stärkere Gemüter trauen sich zwar zu, daß sie sich selber niemals abhanden kommen werden, aber sie werden erstaunen, daß der Enthusiasmus über sie mehr im Klaren sein will, als sie es selbst sind. Der Unmut hierüber wird sie veranlassen, ihren zweiten Schritt niemals nach der Richtung hinzunehmen, wo der erste Schritt schon den Schatten als Kontur des zweiten hinzuwerfen schien.

Bei diesem enthusiastischen Andrange der Verehrer war Goethe besorgt, sich immer zuerst in Sicherheit zu bringen. Man wird zerrissen von dem andringenden Volk, sie treten mir auf die Schuhe und beschmutzen mir die Kleider. Die Menge, die ihr Phantom anbetete, erschrak bald, nur einen Stellvertreter dessen zu finden, was sie erwartete. Goethe, der die Ersprießlichkeit dieses Verhaltens merkte, trug dessen Beobachtung sogar auf die Idee selbst über. Alle seine Spekulation war Empirie; Goethe besaß keine Dialektik; denn Dialektik ist diejenige Kunst, sich in die Spekulation mit mehr oder weniger Individualität zu verlieren und aus diesem Mehr oder Weniger, aus dieser kürzern oder längern Perspektive des Auges, aus dieser Wendung nach rechts oder links hin von einem einzigen Gedanken, alle nur möglichen Resultate, Nuancen und stilistischen Schönheitsformen zu gewinnen. Zur Dialektik hatte Goethe nicht Wagnis genug; er riskierte sich selbst nicht; er war Naturforscher und hielt deshalb immer seinen Atem an, um an dem Experimente, das sich vor ihm entwickelte, nicht zu zerstören oder die Magnetnadel auch nur zur leisesten Abweichung zu bringen. Man verstehe recht! Ich spreche nur vom Akt des Nachdenkens und Forschens. Der Moment des Abschlusses war bei Goethe immer durch alle seine persönlichen Energien integriert. Der Moment des Goethischen Abschlusses erzeugte in der Wissenschaft das Dogma und in der Kunst jene lebenvolle Schönheit, die mit warmen und gesunden Pulsen durch die strahlendsten Gebilde des Dichters fließt.

Das Zweite lag schon näher; nämlich den Kultus und die Zeremonie zu verachten für alles, was entweder mit dem Anspruche der Wahrheit auftrat oder in der Tat als solche anerkannt wurde.

Das Symbol setzt die Gemeinde voraus und die Gemeinde eine Unterordnung der Individualität. Die meisten Denker, welche aus der Wahrheit ein Geschäft machen, lassen sich wohl ein Patent darüber ausstellen und werden nicht nur Gesetzgeber, sondern auch gern Gesetzvollstrecker. Die beiden Rollen, Gottheit und Apostel, sind fast immer in der Geschichte verwechselt worden. Man entdeckt eine Offenbarung, macht sich aber sogleich zu ihrem Propheten, wohl gar zu ihrem Gegenstande. Bei allen schwachen Personen erscheint die Wahrheit immer nur unter der Form der Überzeugung und nichts entwickelt sich dann schneller, als der Fanatismus der Überzeugung. Wie wenig Denker gab es, die ihre Resultate der Welt preis gaben und sie von Detaillisten verarbeiten ließen, während sie ihre Bahn weiter klommen? Sie glauben alle, daß die Wahrheit eines Dienstes bedürfe, da es doch die Wahrheit ist, welche frei macht. Sie mußten sogleich Erkennungszeichen geben und Stimmen sammeln auf Tatsachen, die oft darum die unbegründetsten sind, weil sie die Majorität für sich haben. Besonders wird das achtzehnte Jahrhundert durch diese Erscheinungen bezeichnet. Herrliche Genien, die sich in schäumender Kaskade von den Felsen stürzten und an der Sonne damaliger Denk- und Preßfreiheit ein strahlendes Beispiel gaben, fing irgend ein Vorsprung wie eine Kanzel auf, hemmte den majestätischen Fall und lenkte die brausende Wassermasse auf Fluren und Triften, glatt und eben in die glatte Ebene.

Dieser vernichtenden Hingebung suchte Goethe auf hundert Wegen zu entschlüpfen. Er ließ sich durch keine Zeichen in Verwirrung bringen, er beobachtete niemals jenen Kultus, der den Autoren eigen ist, daß sie hier und da in ihre Lebensbücher gern Ohren einknicken, um auf die poetische Beschränktheit vergangener Zustände zurücklauschen zu können und in sich selbst sich selbst nicht zu vergessen. Goethe kannte die Wahrheit nur als Naturprodukt, als ein organisches Phänomen, das auf eigenen Füßen steht und einen innern, es genugsam bestimmenden Kern enthält. Das Organische folgt einem eingebornen Zuge und schließt sich aus Instinkt dem Verwandten an. Wozu also die Hast, daß sich die Menschen für neue Entdeckungen als Vorspann brauchen lassen? wozu überhaupt der Tumult, der sich an neue Schöpfungen herandrängt und mit einer wenig für unsere Kulturreife sprechenden Einseitigkeit gleich mit allen Gefäßen des Hauses gelaufen kömmt, um auszuschöpfen und einzusammeln? Man wird diese Richtung an Goethe seine Spontaneität nennen.

Goethes Empirie war egoistisch, aber er kämpfte für einen Egoismus, den man menschenfreundlich genug sein muß, allen zu wünschen, nämlich den Egoismus der Gesundheit.

Es wäre eine Aufgabe, die ein geistreicher Arzt noch zu lösen hätte, den Anteil zu bestimmen, welchen an der allmählichen Entwickelung des Geschichts- und Menschheitszweckes das Befinden des Körpers und der Seele hat. Man sollte gründlich nachweisen, wie viel Wahnsinn auf Rechnung der historischen Wahrheiten kömmt, wie viel physisches Wohlbefinden die Menschheit abtreten mußte, um eine Bereicherung ihrer Kenntnisse und geistigen Besitztümer dagegen einzutauschen. Eine Geschichte vom medizinischen Standpunkte müßte eine der größten Erweiterungen unseres Selbsterkenntnisses sein. Man brauchte nicht soweit zu gehen, wie der Hypochondrist von Genf, welcher dieselben Wissenschaften für eine Vergiftung der Gesellschaft erklärte, welche ihm doch dazu dienten, diesen kühnen Satz mit so glänzender Wahrscheinlichkeit zu verteidigen; aber wer kann sich die Sturm und Drangperiode, namentlich die romantische Schule, ohne gewisse Übel denken, die eine wechselseitige Bedingung von Leib und Seele herbeiführten? Goethe erlebte die verheerendsten Beispiele outrirender Genialität. Wie lange siechte und fieberte er nicht selbst an seinem Idealismus! Noch während der ersten Weimarer Epoche schrieb Wieland an einen Freund, daß er Goethes Ruhm nicht um den Preis seiner Körper-Leiden erkaufen möge. Die Erfahrung allein heilte hier vielleicht nicht, aber sie wurde Präservativ. Von jenen Aufwallungen, die das im Geiste Neue, auch in den Nerven und Adern hervorbringt, suchte sich Goethe allmählich zu befreien. Keine Ideenassoziation durfte auf ihn eindringen, ohne vorher Quarantaine zu halten. Nach jeder Durchwühlung fremder Begriffsamalgame wechselte er die Kleider und zog die alten nicht wieder an, bis sie von der Gleichgültigkeit durchgeschwefelt waren. Ja wenn man sieht, daß Goethe gewissen Tendenzen, z.B. manchen romantischen, wo er nur konnte, aus dem Wege ging, so muß man glauben, daß er von ihnen eine unmittelbare Anstekkung fürchtete. Und ich würde mich sehr irren, wenn Goethe nicht irgendwo geäußert hat, man könne den Geist eines Buches schon an dessen Geruch erkennen.

Goethe nahm an allem Teil, wies unbedingt auch nur wenig von sich zurück; doch wenn er Gegenstände der Philosophie, Religion und Geschichte verhandelte, so mußte er sie vorher erst in seine eigene Sprache übersetzen. Ich glaube sogar, daß Goethe schwer begriff, und zeitlebens eine, von ihm wenigstens für seine Jugend eingestandene Unbeholfenheit beibehielt, wenn es sich um Dinge handelte, die eine unmittelbare Einwirkung in Anspruch nahmen. Goethes dogmatischen, thetischen und objektiven Prinzipien machten aus ihm einen ebenso großen Dichter und Künstler, wie im Übrigen einen unzulänglichen Dialektiker. In der Debatte entfernte sich Goethe niemals vom Ziele und stellte immer Sätze auf und verlangte von seinem Gegenüber solche dagegen, die sogleich die objektive Nagelprobe bestehen konnten. Mit Thesen, Ober- und Untersätzen, Verwickelungen, Flankenbewegungen und Zirkelmanövers sich weit über die Gegenstände hinaus zu wagen, war seine Sache nicht. Frau von Staël mit ihren bizarren Plänkeleien und lustigen Wortgefechten, mit Debatten, die sie nur der Rede wegen begann und die doch der Rede nicht wert waren, machte ihm große Not; er brach das Gespräch ab und wies ihr nicht ohne deutlichen Fingerzeig die Tür. Wenn sich Goethe auf sich selbst verließ, so sag' ich nicht (wie kann es dies sein!), daß es Unvermögen war. Einem Freidenker, der die Schule verachtete, blieb wahrlich nichts Besseres übrig in einer Zeit, wo der Turmbau der Systeme mit einer so totalen Sprachverwirrung endete, daß bei Fichte dasjenige Steine waren, was man bei Jakobi Kalk nannte. Hier mußte man kämpfen, seinen eigenen Sprachschatz nicht zu verlieren und sich drängen, die prahlerischen Assignate der Philosophie, in die kleine, aber klingende Münze des gesunden Menschenverstandes zu vertauschen.

Das Prinzip der Aneignung bestimmte Goethen auch nichts über oder neben sich als menschlich anzuerkennen, was nicht zugleich in ihm wäre. Goethe war mit seinem Individuum haushälterisch. Er spaltete es nicht, verschleuderte es nicht, er hielt alle Zügel straff gezogen und verlor sich als Ganzes in keinem seiner Teile. Das Endziel dieser Maxime war der Besitz und das Mittel dazu die Verjüngung. Was ich mein nenne, macht mir nur eine Sorge, nämlich es zu bewahren. Diese ist äußerlich und absorbiert das Gemüt nicht so heftig, wie das erste Bestreben, es mir anzueignen. Alle Sehnsucht löst den Verband der geistigen Teile im Individuum auf und treibt sie nach einem einseitigen Abhange hin. Goethe, innerlich etwas zu verlieren fürchtend, suchte sich dadurch zu schützen, daß er äußerlich alles zu besitzen trachtete. Wenn er sich das Entlegenste nicht verweigern und die Unerreichbarkeit desselben nicht dulden konnte, so wollte er, daß er da, wo sich ihm die Künstlerschaft verweigerte, doch wenigstens Liebhaber wäre. Denn erst der Liebhaber, der seinen Wünschen nichts versagt, kann das Idealische genießen, wenn es seine Natur ist, es sogleich, wenn nicht innerlich, doch äußerlich anzukaufen. Goethe hat naiv eingestanden, daß ihn Kunstwerke erst beruhigen, wenn sie sein Eigentum sind. Man zürne nicht! Man sage nicht, daß sich mit dem Eigentum die Lust zufrieden gegeben und die bewundernde Sehnsucht abgeschlossen hätte! Er konnte oft nur Kopien, Abdrücke und Pasten bekommen und mußte sich noch immer darüber erwärmen, daß zwischen dem Original und der Nachahmung eine unendliche Kluft lag, die er nicht auszufüllen vermochte.

Eine neue sehr ungeschlachte und banausische Darstellung der Goethischen Dicht- und Denkweise wirft ihr vor, daß sie vom Straßburger Münster sich eine Scheinkapelle wünschte. Nur bornierte Leidenschaftlichkeit konnte aus dem harmlosen Wunsche ein Verbrechen machen. Wäre jene Kritik im Stande, mit einer sich selbst beherrschenden Prüfung fremde Individualitäten und Charaktere im Zusammenhange zu erfassen, wäre sie nicht überall, wo die Leidenschaft durch Gründe entschuldigt oder unterstützt werden müßte, die Eingebung des oberflächlichen Dilettantismus; so würde sie sich jenen Wunsch aus dem künstlerischen Prinzipe Goethes haben erklären können. Dem Straßburger Münster hat sich Goethe immer mit heiliger Andacht hingegeben, doch wußte er, daß es nie schönere Verehrung dieses Wunderwerkes wäre, das Genie seines Erbauers von Eins zu Eins zu verfolgen, als seine nasse patriotische Phrasenwäsche zum Trocknen an die Spitztürmchen aufzuhängen. Goethe wollte das Erhabene nicht nur fühlen, sondern auch verstehen. Darum verjüngte er das Große und modelte das Ungestalte um. Die Welt in ihrer Größe würde bald unser Herz zersprengen. Man braucht die Peripherie nicht, wenn man nur den Durchmesser hat.

So steht denn Goethe mit diesem glänzenden Harnisch, dessen Schuppen und Schienen wir aus Ton flüchtig nachzuformen suchten, am Ende des achtzehnten Jahrhunderts gerüstet da. Doch wühlt' in seiner Brust, trotz aller Philosophie und Resignation ein herber und innerer Schmerz, ein gemütliches Unbehagen, für welches er nur feindselige polemische und wenig überlegte Worte finden konnte. Ach, man dämmt gegen das Übel mit Schutt und Trümmern jeder Art den Weg, man schließt sich in das Bannat der Verachtung ein und wagt sogar zuweilen einige Ausfälle gegen die belagernde Macht; aber vergebens! Aus diesem Herzen floh der Friede, aus diesem Gedächtnisse wichen die schattigen Ruheplätze; der Tag steht mit drohenden Worten vor der Tür und pocht trotzig auf einen Einlaß, der nicht mehr zurückzuweisen ist. Das Ungewitter mag noch einmal verziehen! Man werfe sich irgend einer zerstreuenden Beschäftigung in den Arm, man leugne die Gefahr weg, da man sie nicht sieht! was hilft's? du verlierst den Zusammenhang und die Gunst einer weise angestellten Berechnung. Da du den Strom noch in weiter Ferne rauschen hörtest, ist er schon unter deinen Füßen, und du treibst hülflos auf stürmischen Wogen, wo man, wie Goethe als Botaniker, sich mit Grashalmen zu retten sucht.

Mit entsetzlicher Anstrengung hatte Goethe gegen das Unbehagen, das aus der Zeit kam, gekämpft. Er hatte sich selbst geopfert, um des bittern Schmerzes ledig zu werden. Denn jene Lebensphilosophie, die hier einen ganzen Menschen revolutionierte, was ist sie anders als eine rührende

Trennung des Mannes vom Jüngling, der Zukunft von süßer Erinnerung, des Kopfes vom Herzen? Goethe empfand diese Rührung nicht, weil er ein Charakter war; aber wohl den Schmerz. Seine Berechnungen mißglücken, alles um ihn her zuckt mit Nadelspitzen auf seine Nerven, und selbst das alte Mittel, durch Produktionen sich zu retten, schlägt fehl. Großkophta, Bürgergeneral, die Aufgeregten, die Ausgewanderten, Hermann und Dorothee schleuderte er aus seinem Schiffe, um es oben zu erhalten. Aber die Zeitgenossen verziehen keine Miene. Neue Waffen, die Natur. Es ist zu spät, die Geschichte schlägt ihn zurück, und ein Geist, der seinem Jahrhundert vorangeeilt war, muß noch dem letzten Decennium desselben unterliegen. Die Tatsache zerreißt das philosophische Gebälk, auf dem er steht. Der schwankende Tritt tastet keinen Boden mehr, und man muß auf Augenblicke sehen, wie die Wellen der Vergessenheit über Goethes Haupte zusammenschlagen.

IV.

Die Zeit hat ihre Lieblinge. In ihren weitbauschigen Mantel hüllt sie die Auserwählten ihrer Gunst, trägt sie über die Fluten der Begebenheiten, setzt sie in sichern Gegenden auf's Trockne und holt sie wieder, wenn der Sturm verzogen ist und man im Schoße des Glückes sich wieder betten kann.

Goethe hatte sich einer solchen Pflege und Wartung des Schicksals nicht zu erfreuen. In den Tagen der Ruhe hatte er unterlassen, sich die Zeit zum Freunde zu machen. Statt den stolzen Nacken zu ihr emporzuheben, vermied er und beleidigte sie; er hatte es für größer gehalten, den Umständen zu trotzen, als für die Zukunft sich bei ihnen einzuschmeicheln.

Wüßten wir nicht, daß das 19te Jahrhundert um so viel poetischer ist, als das 18te prosaisch war, so würden wir nicht begreifen, wie in so kurzer Zeit sich alle Gesichtspunkte der Literatur umwerfen konnten. Früher hielt man es für genialisch, der Zeit auf den Fuß zu treten, ihr den Sand aus dem Stundenglase zu verschütten, sie zu ignorieren im gelindesten Falle; jetzt dagegen wird für die Weihe des Genies gehalten, die Freundschaft der Zeit besitzen, ihr Jünger, Vertrauter, ihr Herold und Apostel sein. Goethe hatte sowohl für seine Beurteilung, wie für den ganzen Charakter seiner Poesie das Unglück, unter diesem Wendepunkte zu leben und von Ereignissen in einem Kreise herumgedreht zu werden, wo man nicht mehr weiß, ob im Januskopfe das jugendliche Angesicht der Zukunft oder das Profil des Greisen der Vergangenheit angehört.

Wo ist der Herrscher oder Sklave? Gehorchtest oder befahlst du?

Aus den historischen Widersprüchen, in welche auf jenem Wendepunkte die ausgezeichneten Befähigungen in der deutschen Geisteswelt verstrickt wurden, schreibt sich der unbehagliche Eindruck her, den noch heute die deutsche Literaturbetrachtung erzeugt. Wenn wir selbst an den glänzendsten Entfaltungen deutscher Wissenschaftsbestrebungen niemals eine recht lachende, nationale Augenweide gehabt haben, wenn uns noch immer die Zwiespältigkeit der Meinungen überall anfällt, wenn die Lust an dem einen durch die gehässige Polemik des andern vergällt wird und zuletzt die Nation von den Ideen selbst zwar sehr viel Ehre, aber sehr wenig Vorteil zieht; so ist es, weil sich unsere glorreichsten Bestrebungen gewöhnlich in dem Charakter der Zeit irrten und von einer Masse, die sie kalt von sich wies, eine mit den Umständen disharmonierende Hingebung verlangten. Jene schreiende Dissonanz, als die Kunst und die Geschichte so feindselig zusammentrafen, verwirrte zuerst die Kunst selbst, erzeugte jene Haarspaltungen der ästhetischen Tendenzen und künstlerischen Theoreme, welche besonders in Goethes und Schillers Briefwechsel sich in einem fortwährenden Zirkel bewegen, lähmte darauf die schöpferische Produktivität unseres größten Dichters, der in einer so unruhigen Zeit, um nicht mit fortgerafft zu werden, sich entschließen mußte, sich in sich zurückzuziehen und in sich den Dichter nur zu einem Teile des Menschen zu machen. Noch immer hallt diese Dissonanz in unsern Zuständen fort, und es wird lange währen, ehe wir aus diesen widersprechenden Tatsachen sowohl die richtigen Urteile, wie die weiseren Entschlüsse gezogen haben.

Man spricht immer von der großen Geschichte, von dem

Goethes Gartenhaus im Park an der Ilm

Kubus, Temporäres Theater im Park an der Ilm von D. Klaß (1993)

großen Jahrhundert, von der Dichterin Zeit, die alles überflügelt. Aber wie wenig die Literaturen auf den Umschwung der nationalen und ästhetischen Begriffe vorbereitet waren, wird man am passendsten aus einer Vergleichung erkennen, die noch nicht angestellt worden ist. Was hat Frankreich durch seine großartige Geschichte wohl für seine Literatur gewonnen? Unsere Rigoristen wollen, daß uns die Schmach hätte begeistern sollen; in Frankreich, sollte man denken, hatte der Ruhm vor der Schmach sogar noch einige Schritte voraus. Der Ruhm konnte ohne viel Überlegung zum Griff in die Leier schnell begeistert sein. Wo sind aber in Frankreich diese großartigen Schöpfungen einer in der Zeit siegestrunkenen Phantasie? Wo sind die ingrimmigen Lieder des Sängers, der mit republikanischen Reimen gegen die epischen Stanzen der Napoleonischen Monarchie gekämpft hätte? Was ließ selbst die Revolution außer André Chenier zurück?

In Frankreich bringt der gleichzeitige Ruhm folgende Verse des Herrn Alissan de Chazet hervor:

Napoléon, de ton image
Louise a reçu l'heureux don;
Puisse tu, par un autre gage,
Chez nous éterniser ton nom!

[*Napoleon,* von Deinem Bild
Louise hat empfangen die treffliche Gabe
Könntest Du, als einen anderen Lohn
Bei uns Deinen Namen verewigen!]

Herr Delrieu sang:

Je veux que désormais la France et l'Ausonie

Dans le *nouvel Alcide* admirent ton génie;
Adorent tes vertus;
En dépit d'Albion, que l'univers respire!
Pour toi, pour tes neveux j'éternise l'empire
De *Trajan*, de *Titus!*

[Ich will, daß von nun an Frankreich und Ausonius
Im *Neuen Alcides* Dein Genie bewundern,
Deine Tugenden anbeten
Zum Verdruß von Albion, den das Universum einsaugt!
Für Dich, für Deine Verwandten verewige ich das
Kaiserreich
Von *Trajan*, von *Titus!*]

Und bei Gelegenheit der Vermählung des Kaisers mit Marie Louisen schmeichelte Herr Desaugiers:

Viens t'en, Fanchon, viens t'en vite aux Tuil'ries!
L'concert commence et j'úy somm' pas encor.
Ah! pour chanter *leurs Majestés chéries*
Coeurs, instrumens, tout est bientôt d'accord.

[Komme hinein, Fanchon, komme schnell in die
Tuilerien!
Das Konzert beginnt und ich habe den Höhepunkt
noch nicht gehört.
Ah! Für das Singen *Ihrer Geliebten Majestät*
Herzen, Instrumente, alles ist schon bereit.]

Man wird sagen, Herr Alissan de Chazet, Herr Delrieu und Herr Desaugiers waren keine großen Geister; aber die Herren Fontanes, Jay, Jouy u.a. galten dafür. Wie verlegen und unbeholfen ist selbst Chateaubriand der damaligen Zeit gegenüber, wo er, der nie einen Charakter gehabt hat, dennoch der einzige Charakter war und überdies noch von einer Frau übertroffen wurde, der Staël! Man täusche sich nicht; die Einsichten über das Verhältnis der Kunst zum Leben kamen viel später.

Deutschland besaß freilich weit glänzendere Mittel als Frankreich, um die allgemeinen Ideen und Tatsachen der Wirklichkeit auszusprechen; allein um das Einzelne zu fassen, fehlte es bei uns an der Erfreulichkeit und Entfernung desselben, um das Allgemeine, an einer übersichtlichen Abrundung, welche die sich damals dramatisch drängenden Ereignisse erst später erhielten, als sie episch hinter dem Momente lagen. Die beiden Jahrhunderte lagen noch in ihren Widersprüchen so wenig grell vor aller Augen, daß sowohl in Frankreich wie in Deutschland sich die Zeitpoesie der alten herkömmlichen Formen bediente und um neue Dinge einstweilen noch immer abgetragene Gewänder schlug, Frankreich die mythologische Garderobe des Parnaß, Goethe seine Promethastereien im Epimenides. Kurz dasjenige, was man die neue Poesie nennen kann, die Schule Byrons, die französische Romantik mit ihrem Odenschwung, nebst deutschen Bestrebungen; diese Revolution der ästhetischen Begriffe und Ideale, beginnt erst mit dem Tode Napoleons. Denn mit diesem Augenblick wurde in die laufende Geschichtschreibung die poetische Gerechtigkeit eingeführt.

Überdies hat Deutschland eine außerordentliche Erscheinung erlebt. Wenig Zeiten waren von künstlerischen Interessen so sehr eingenommen, wie gerade die historisch aufgeregtesten im Anfang unseres Jahrhunderts. Die beiden Tendenzen unserer Literatur, welche sich an die Universitäten Jena und Heidelberg knüpfen und die sich später in Berlin vereinigten, schlossen sich unmittelbar an die rastlose Produktionslust an, welcher durch einen frühzeitigen Tod Schiller entrissen wurde, und die sich auch, fast möchte man sagen, durch die moralische Ansteckung des Gewissens Goethen mitgeteilt hatte, der mitten im Getümmel der sich drängenden Ereignisse seine prosaischen Meisterwerke zeitigte. Wo konnte bei so lebhaften Bestrebungen in Kunst, Philosophie und empirischer Naturbetrachtung wohl das Gefühl einer Isolierung und eines neu einzuschlagenden Weges durchbrechen? Goethe war mit Schiller in einen lebendigen Rapport getreten. Schiller repräsentierte das allgemein Menschliche und die Geschichte; Goethe das Individuelle und die Natur. Diese entgegengesetzten Prinzipien kämpften mit friedlichen Waffen und brachten zu Gunsten der ästhetischen Technik und der Erziehung zum Poeten Resultate hervor, welche sich bei allem Bezuge auf die Zeit und ihre Verhältnisse, doch immer nur mitten in den Traditionen der alten formellen Literaturgeschichte bewegten. Man fühlte sich immer in dem Zusammenhange dessen, was in der Anordnung des Tages die Ordnung der Kunst war. Es gab keine Lücke, von der man sich gestanden hätte, sie mit Aufopferung seiner selbst ausfüllen zu müssen. Die Bändigung der Revolution durch Napoleon hatte die Interessen wieder in einander geknüpft, die Nationen drängten sich in ihre Kerne zusammen und hoben, um stärker zu sein, den inneren Zwiespalt ihrer Tendenzen auf. Wo niemand das tut, was er tun möchte, da darf es kein Vorwurf sein, daß ein jeder das tut, was er kann. Wo alle dulden, wie kann man den tadeln, der sich einen Trost zu verschaffen sucht und in dessen Segnungen soviel als möglich hineinziehen möchte? Öffentliches Unglück, das man aus seinen eigenen Mitteln nicht enden kann, entschuldigt im Schoße der Duldenden jede Handlung, da keiner diejenige tut, welche den Schaden besserte und das Recht der Strafe heiligen könnte.

Unglückliche Zeiten, die sich trösten, aufgeregte, die sich beruhigen wollen, werden immer auf die Literatur zurückkommen. Sie fängt die für die äußere Gefahr zu mißlichen Radien der Überzeugung und des freien Gedankens auf und leitet sie in das schöne Farbenspiel einer gebrochenen Reflexion wieder zurück. In ihre schattenreichen Haine flüchtete man sich vor der glühenden Mittagshitze und träumt mit dem Vogel, dessen Gesang wir uns zu deuten suchen. Man will in allen tyrannischen Zeiten die Garantie seiner natürlichen Freiheit retten. Wo die Menschen nur noch Bürger und Krieger sind, wo sie nach Tausenden Herdenweise verteilt werden und Gesetzen sich fügen müssen, welche die Natur verleugnen, da lechzt man nach Natur, nach jener Nacktheit, in welcher wir geboren wurden; nach jener Verantwortlichkeit, die einst vor Gottes Thron wahrlich niemand an unserer Statt übernehmen wird, sondern wo wir für uns selbst stehend, mit niemanden als mit Gott unter vier Augen zu reden haben. Dies Band der freien Selbstbestimmung ist das Gewebe der Literatur. Tempel bauen sich auf, wo wir, von den Dienern Baals ungesehen, den heimlichen Göttern opfern dürfen, Katheder, wo unsere Hoffnung als Weisheit gelehrt wird, eine andere Welt, in der wir geistig leben und mit immer fester werdenden Fuße wandeln. Die Literatur und Kunst ist jene Religion, welche uns mit der Gottheit unter vier Augen läßt.

Das erste Drittel unseres Jahrhunderts ist verronnen. Welches werden die Resultate sein, die sich im letzten Drittel zu betätigen haben? Kein Jahrhundert hat mit geschwätziger Hast so viel Fragen aufgeworfen wie das unsrige. Die allgemeine Aufklärung weckte das Verständnis und machte jeden fähig, an der Lösung jener Fragen seinen Anteil zu nehmen. Eine chaotische Begriffsverwirrung war die Folge. Die kriegerischen Erlebnisse weckten die Leidenschaft und den Stoff, welcher durch sie entzündet werden konnte, gaben die Interessen und Ideen her. Von jenen Waffen, die sie alle trugen, blieben in den Händen die Schwielen zurück; als drohende Heiligtümer hängen an den Wänden die Trophäen und Erinnerungen des vergangenen Völkerkampfes; alle unsere Debatten haben einen so trotzigen und feindseligen Charakter, daß es immer ist, als hörte man dazwischen den Hahn einer gezogenen Flinte knacken. Ob man das Pulver von der Pfanne blasen wird? Ja. Das Resultat, von dem das 19te Jahrhundert seinen Namen empfing, scheint noch über zwei Menschenalter hinaus zu liegen, und wir werden es bald den Enkeln überlassen müssen, unsere Rechte zu fordern und als die ihrigen zu verteidigen.

Es ist erwiesen genug, daß an dieser Verwirrung die Literatur die größte Schuld trägt. Wenn ich auch nicht sagen will, daß die Literatur sie hervorgerufen hat, so beförderte sie den Zwiespalt schon dadurch, daß sie ihn nicht hintertrieb. Alle literarische Definitionen sind auf der Flucht. Was ein Gesetz an sich trägt, hat seine Geltung verloren; was eine Schlußfolgerung ist, sieht sich vergebens nach ihren Voraussetzungen um. Die Tatsachen der Literatur schweben in der Luft. Alle Paragraphen sind wie die Nummern eines Lottos zusammengewürfelt, aus welchen nur noch der blinde Zufall Nieten und Gewinne zieht. Einiges, das sich sicher dünkt, streckt sich mit vornehmer Behaglichkeit auf dem Ruhebette aus und schleudert so gleichgültig, als wenn ein Engländer sich die Zähne stochert, seine Urteile von sich. Schelling – Hegel – was hat die Welt dann, wenn der eine von beiden siegt? Wenn nun dieser Kampf erst entschieden ist, wenn nun jeder erst sagen kann, was er will; was wird dann wohl gesagt werden? Diese so breit entfaltete Anstrengung und Erbitterung mußte doch die Vermutung erregen, daß ihr nur das eine erst beseitigen wollt, um dann recht tüchtig an das andere zu gehen? Wenn ihr diese Entgegnung verachtet, so verachtet ihr eure Zeitgenossen; denn warum haltet ihr sie auf? Warum verlangt ihr so breite Dimensionen der Anerkennung? Und wie ihr, so alle, die, um das Wort zu haben, tausend Worte verlieren, und wenn sie es endlich haben, dann verstummen werden.

Aber diese Stummheit hat etwas Tröstendes. Denn sie erleichtert uns die Rechnung, wenn wir alle Ideenposten unserer Zeit ansetzen und daraus ein Fazit für das Jahrhundert ziehen wollen. Wenn ihr stumm sein werdet und dann nichts sein wollet, als was ihr selber seid, dann werden wir nur sehr wenig zu addieren haben. Faßt man die Spitzen so zahlloser Pfeilbündel, die Ziele dieser hitzigen Bestrebungen des Pietismus, der Scholastik, des Liberalismus u.s.f. zusammen und ritzt dann wirklich nur so flüchtig die Haut der Zukunft? Das ist vortrefflich. Da muß die Wahrheit unseres Jahrhunderts gerade zwischen dem Extrem der Revolution und den Lehrbüchern eurer Philosophie mitten inne liegen.

Die Philosophie unserer Tage fühlte es, daß sie eine Bestimmung von sich aussprechen müßte, welche über die Debatte und ihre eigene Ausschließlichkeit hinaus läge. Sie fühlte, daß man mit so gierigen Armen nicht in das Herz der Nation greifen dürfe, ohne daß etwas anderes in ihren Händen läge, als das Blut ihrer Gegner und ihr angemaßter Ruhm. Wohin rafft sich diese Philosophie auf? Über die Inhaltlosigkeit ihrer ehemaligen Behauptungen erschrekkend, fühlt sie, daß sie etwas tun muß, was tüchtig und erfreulich ist, oder wie Goethe sagen würde, was Hunde vom Ofen lockt. Seither regnet es einen Strom von Beweisen für die Unsterblichkeit der Seele und die persönliche Fortdauer. Ich mag diese moderne Ostermorgenfrage hier nicht aufnehmen, weil sie nicht hieher gehört; aber sie ist ein Symptom.

Der kleine Zirkel, auf den alles ankömmt, heißt: Wer sind wir? Wozu? Von wem? Wohin? Die großen Sphären der Philosophie tanzen um diesen kleinen Zirkel, ohne ihn an irgend einem Punkte seiner Peripherie zu berühren. Man muß Tangenten ziehen. Man muß beweisen, was ist die Asche, in welche dereinst unser Kopf, der stolze Weltdurchsegler, unser rüstiger Arm, unsere Real- und Sprachkenntnisse zusammensinken? Nur Mut, ihr neuesten Unsterblichkeitslehrer! Wühlt in dem Staube und sichtet ihn durch das Haarsieb eurer Dialektik! Bleibt auch nichts zurück, so läßt sich diesem hohlen Nichts, das die Welt erschuf, doch immer noch ein Name geben, purpurn, schimmernd beim Phantasten, mild, hoffnungsgrün beim Dichter; grau, geisterhaft beim Exorzisten; gelb, intolerant und exklusiv beim Zeloten. So sehen wir mit einem Male die Philosophie auf jene alten Fragen reduziert, die sie sich von den Leichensteinen der Friedhöfe abliest. Die Schulen sind geschlossen, die Lehrer wandeln in Mondscheinsferien, die Jünger lauschen an der zugefallenen Pforte, und aus den transparenten Irrlichtern der modernen Unsterblichkeitstheorien, die über den Gräbern hüpfen, setzen sich die identischen Worte zusammen: Wir sind, die wir sind; gebt Gott die Ehre!

Mehr oder weniger wollte auch Goethe nicht. Hier erst ist der Ort, wo man wieder des weisen Dichters helle und klangvolle Stimme vernimmt, aus welcher eine gesunde und lachende Weltbetrachtung spricht. Zwischen jenen philosophischen Systemen, die sich so sehr verrechnet hatten, daß sie die Unsterblichkeit der Seele alle als etwas Vergessenes nachholen mußten, wandelte er nach einem Ziele, das sich der Genius des Jahrhunderts gesteckt zu haben scheint. Weder die Freiheit, noch die Gesetzmäßigkeit des Gedankens will ich nennen, weil man damit andere Begriffe verbindet. Es ist aber die Autonomie des Gedankens, in spekulativer wie in ästhetischer Hinsicht.

Das Ziel ist mit wenig ungefähren Sätzen ausgesprochen:
– Befreiung des Gedankens vom System und den dogmatischen Formen.
Der Irrtum als Chance des Gedankens, wenn er nur die Wahrheit des Individuums und die Schönheit der Form hat.
– Nur diejenige Wahrheit ist schön, welche eine individuelle ist.
– Die Tendenz ist lobenswert; aber ihren Gedanken, bloß als den Gedanken der Allgemeinheit, wird entweder die Wahrheit oder die Schönheit mangeln.
– Die Tendenz ist kein Spiel, sie muß siegen oder besiegt werden, weil sie auf Interessen beruht, aber in diesem Jahrhundert entscheidet sich erst die eine Frage, ob die Literatur sich aus den Interessen erheben und eine selbst bezweckte Stellung behaupten kann oder ob sie fortfahren wird, mit den Interessen verwechselt zu werden, und mit einer ferneren Unmöglichkeit ihrer selbst enden wird?
– Übrigens darf, wer mich Gott nicht mit Händen greifen läßt, nicht zürnen, wenn ich meinen Augen mehr traue, wie den seinigen.
– Statt angemaßter Wahrheiten gebt bescheidene Überzeugungen! Bescheidene Überzeugungen aber sind solche, die keine Verpflichtung sind.
– Die Systeme sind gut. Aber es sind ihrer zu viel. Nämlich zu viel auf einmal. Sie sollen auch alle erhört werden. Deshalb mögen sie einstweilen auf das neutrale Gebiet der Schönheit treten, doch warten, bis sie der Zeitgeist rufen

wird, und sich in ihrer vorläufigen Lage den Gesetzen des neutralen Gebietes bequemen.

– Endlich erlaube mir jeder, der mich nicht geschaffen hat, noch einmal, da meinen Schöpfer zu suchen, wo ich ihn finde!

Durch diese Gedankenverbindungen gehört Goethe dem 19ten Jahrhundert an. Ich wüßte auch wahrlich nicht, worauf man in Zeiten einer allgemeinen Begriffsverwirrung anders zurückkommen will, als auf die Natur, die Gesundheit, die Freiheit, den besten Humor und auf das, was niemand machen, geben, oder nachahmen kann, auf das Genie.

Goethe hat sich im Anfang dieses Jahrhunderts von allen Liebhabereien desselben entfernt gehalten, sowohl von dem Nifl- und Muspelheimer-Himmel der Nordlandsreckenromantik, wie von der blauen Blume Hardenbergs, der Indomanie der Schlegel, welche sich beide im Ganges von ihren literarischen Sünden reinigen wollten. Allen diesen Bestrebungen lag in der Tat eine gewisse Verwandtschaft mit Ideen der Zeit, ja sogar eine Sympathie mit dem Schicksale der Nation zum Grunde; aber es war von einem vollendeten Charakter nicht zu erwarten, daß er aus Patriotismus seinen Geschmack verderben sollte.

Alle neuere Poesie in Deutschland hat nun einen Ton angenommen, der von fremden Dingen auf sie übertragen ist. Sie lehnt sich an allgemeine Tatsachen und Begriffe, welche, da sie nicht selten erhebender Natur sind, den durch sie angeregten poetischen Empfindungen eine heilige Weihe und Wirkung geben. Durch eine sinnige Behandlung ihrer Interessen sind die Menschen bald gewonnen. Jene poetischen Trompeter, die den Zügen der Tendenzen voranreiten, gekleidet in die Livree der Kämpfenden, sind die Augenweide der Masse, die sie mit Ruhm bezahlt. Sie nützen, sie erfreuen, sie schmeicheln und kosten wenig. Sie kosten keine alten Traditionen, sie kosten keine uns liebe Philosophie oder Religion; sie beeinträchtigen niemanden in seinen alten Besitztümern. Das Genie kostet die Menschheit etwas. Da muß immer eine Nation oder ein Stück Religion, Philosophie oder Wissenschaft zu Grunde gehen. Diesen Schaden wird das Genie freilich später aus seinen eigenen Mitteln wieder herstellen.

Zu dieser Wohlfeilheit gesellte sich seit Herder der große Nachdruck, welchen man auf die Unterscheidung der Nationalliteraturen legte. Studium und Interessen vereinigten sich, die Literaturen unter allgemeine Kennzeichen und klimatische Reverberen zu bringen. Der Begriff des Nationalen legte sich wie ein Reifen um die Anschauungen des Poeten und drückte alle seine Bilder und Gedanken auf einen kleinen Mittelpunkt zusammen, der ungefähr dem Durchschnittswerte der Allgemeinheit gleich kam. Die Nation will sich in der Literatur bespiegeln: sie will, daß die Literatur ihre jeweiligen politischen, religiösen und moralischen Zustände ausspreche. Sie wollen sich in den Weisen des Dichters wieder finden mit ihren kleinen und großen Leidenschaften, mit Frau und Kind, wie sie in ihrem Besuchszimmer im Konterfei hängen. Dem, was alle fühlen und denken, soll der Dichter nur die schöneren Worte geben. Man sagte damals: die Zeit ist wie eine Riesenharfe ausgespannt, aus welcher jeder einzelne Dichter sich einen Ton auffangen müsse für sein eigenes kleines Instrument der Subjektivität.

Wohin diese damals mit entsetzlicher Leidenschaft gelehrte Ästhetik geführt hat, zeigt der gegenwärtige Ausblick. Die poetischen Kräfte der Nation sind erschöpft, keine einzige derjenigen Leistungen, welche sich unter uns noch einiger Teilnahme zu erfreuen haben, lassen sich mit den Voraussetzungen jener Ästhetik in Einklang bringen. Sie widersprechen in ihren Prinzipien all den Merkmalen, welche die sogenannte Nationalliteratur tragen soll. Es ist durch den Erfolg entschieden, wie wenig befruchtend und anregend jene patriotischen Lehren wirken konnten. Wir sahen es. Überall Produktionsohnmacht. Und wo ein Produkt ist, da wird nur die Tendenz gesehen!

Die Weltliteratur will die Nationalität nicht verdrängen. Sie verlangt schwerlich, daß man seinen heimischen Bergen und Tälern entsagend, sich an kosmopolitische Bilder und Landschaften gewöhne. Die Weltliteratur ist sogar die Garantie der Nationalität. Sie wird immer, wenn das Evangelium der letzteren mit zu vielen Golgathagefahren gepredigt wird, oder sonstige Beandstandnahmen desselben eintreten, den mißlichen Anknüpfungspunkten zu Hülfe kommen und vor einem Europäischen Forum dasjenige möglich machen, was in der Heimat unzuverlässig ist. Die Nationalität wird durch den weltliterarischen Zustand nicht aufgehoben, sondern gerechtfertigt. Der heimischen Literatur wird das Urteil und die Geburt durch ihn erleichtert, wie namentlich in Deutschland die Voraussetzungen einer nationalen Literatur so sehr erschwert sind, daß man bei uns über ein Talent den Stab bricht, während demselben das Ausland akklamiert. Was wir auch gegen Heine einzuwenden haben, so ist es doch unerträglich, daß bei uns ein Name ungestraft darf gelästert werden, der durch seine außerordentlichen Fähigkeiten sich bereits eine europäische Bekanntschaft erworben hat.

Wenn man weiß, wie wesentlich für Deutschland diese zänkische und hypochondrische Kritik ist, welche nichts in der Welt ohne Anfechtung lassen kann, die über alles sich erhitzend, an jede Statue des Phidias noch ein Fragezeichen anhängen würde, so kann man sich die erboste

Hartnäckigkeit erklären, mit welcher man sich bei uns gegen das Prinzip einer Weltliteratur sträubt. Man muß wohl ein so durchgreifendes und einfaches Regulativ der ästhetischen Beurteilung hassen, weil es das Gewerbe beeinträchtigt, weil es alle die Bosheiten, Unversöhnlichkeiten und Angebereien ausschließt, mit welchen in Deutschland produktive Talente begrüßt, verfolgt und oft getötet werden.

Die Grundsätze der Weltliteratur geben sich sogleich zu erkennen, wenn man nur die äußere Physiognomie derselben näher bezeichnet. Zur Weltliteratur gehört alles, das würdig ist in die fremden Sprachen übersetzt zu werden, somit alle Entdeckungen, welche die Wissenschaft bereichern, alle Phänomene, welche ein neues Gesetz in der Kunst zu erfinden und die Regeln der alten Ästhetik zu zerstören scheinen. Die geringe Ausbeute derartiger Produktionen würde namentlich Deutschland von jener Überflutung des Literaturmarktes befreien, welche den Umsatz, die Teilnahme, den Überblick und die Kritik erschwert. Mit dem inneren Werte käme die äußere Würde der Literatur. Die Literatur erhöbe sich von der niederen Stufe, auf welche sie als ein Bedürfnis herabgesunken ist. Sie würde sich als eine organische Offenbarung des Menschengeistes betätigen und mit einem Schlage durch ihre eigene naive Unübertrefflichkeit alle jene Fragen beenden, welche sich auf dem jetzigen Gebiete der Geisteswelt zu keinem andern Zwecke durchkreuzen, als um die Mittelmäßigkeit zu ordnen, zu placieren, zu erläutern und mit falschen Lorbeern zu bekränzen.

Ich gebe zu, daß in der Weltliteratur dieselben Verwechselungen vorkommen können, wie in der Nationalliteratur. Kotzebue ist vor dem europäischen Tribunal anerkannt. Raupach sogar dürfte eher übersetzt werden, als der Faust von Nikolaus Lenau, oder ein Roman von Julius Mosen. Ich kann nicht sagen, daß ich etwas wüßte, was hier dem Genie den Rang immer vor dem bloßen Talente sicherte, es sei denn, daß sich das Genie die Tugenden des Talentes anzueignen suchte. Dies wäre Aufforderung genug an unsere heimische Literatur, sich aus ihren flüssigen, wenn auch noch so edlen Bildungsstoffen herauszugestalten, frei die Welt zu überblicken, alle nebelhaften Anschauungen von jenen urschönen Bildern hinwegzuziehen; die nicht fehlen werden, wo Prädestination ist. Diese zusammengeronnene Schönheit, welche sich in der deutschen Poesie findet, gleicht dem Korinthischen Erze, das von tausend flüssigen Götter- und Heldenstatuen siedet und wallet. Da ist keine Prägnanz, keine Deutlichkeit, keine Wahrheit der Umrisse. Licht und Schatten gehen ohne Perspektive in einander und machen, daß die ordinärsten Gestalten Sieger sind, weil sie sind. Dies schöne lebendige Sein mit Händen und Füßen, dies Sein mit einschmeichelnden überredenden Worten, dies Sein in Stiefeln und Sporen, klirrend auf den Marmorstiegen der poetischen Phantasiepaläste; wo fände sich dies oft bei den tiefsinnigsten Dialektikern des Gemüts und der Einbildungskraft, bei Fähigkeiten, die zum Siege alles zu besitzen scheinen?

Das ist es. Der Dilettantismus zerstört die Wirkung des Genies. Jene der Zeit parallellaufende sogenannte Nationalpoesie brachte die Poesie nicht außer Atem, da das Leben immer dasjenige ist, was uns am leichtesten wird. Die Poesie als eine Sonntagsfeier, als ein an hohen Festtagen angetanes Kleid, hat nicht jenen olympischen Schweiß auf der Stirn, den man mit Lorbeern zu trocknen unwillkürlich versucht wird. Uhlands Muse ist nie echauffiert. In seinen Gedichten ist täglich Sonntag. Die Glocken läuten, und die Menschen gehen geputzt in die große Kirche der Natur, wo zum festlichen Tanze unter der Linde der Boden hübsch rein und sauber gekehrt ist, wo alle Dinge im Chore singen und die Meinungen im Unisono einfallen. Gewiß schön; auch weltliterarisch als deutsches Genrebild, als eine Sammlung von Nationaltrachten, die sich der Engländer kauft, wenn er über Rotterdam in seine Heimat zurückreist. Allein in jedem andern Bereiche, das nicht die Lyrik ist, wird diese Sonntagsstimmung ein phlegmatisches Wohlbehagen, ein romantisch genießendes, nicht plastisch schaffendes. Wer ein fremdes Leben wirken will, muß zuvor das seinige auf's Spiel setzen.

Die Deutschen bilden sich ein, daß ihnen eine Menge Dinge gestattet seien, die sich die Franzosen und Engländer nicht erlauben dürfen. Die eigentümliche Komplexion unserer physischen und moralischen Natur soll andere Gesetze zu verlangen scheinen, als sie das Ausland befolgt. Man rundet Bemerkungen zuletzt gern mit einer schmeichelhaften Phrase ab, wovor der Genius unseres Vaterlandes erröten müßte, wenn er nicht schon an das seit Jahrhunderten stinkende Eigenlob der Deutschen gewöhnt wäre. Ich mag auch gegen die noblen Eigenschaften meiner Landsleute nichts einwenden. Ich ließe diese patriotische Koketterie gern gewähren, wenn sie nicht in der Literatur etwas gelten und das Schlechte nur durch Eitelkeit, die man darauf hat, rechtfertigen wollte; und ich glaube wohl, daß ein Franzose daran keinen Geschmack hat, woran sich deutsche Herzen erfreuen. Aber es gibt auch viele deutsche Tugenden, die uns selbst schon zur Last werden. Die sogenannten echtdeutschen Produkte unserer Literatur sind die mittelmäßigsten.

Als Goethe die Weltliteratur empfahl, dachte er schwerlich daran, daß die einheimische Literatur nach dem Beifalle der Fremden geizen und nach exotischen Maßstäben eine Regulierung ihres Wertes dulden solle. Goethe wollte zunächst nichts als die erfreuliche Empfindung einer Anerkennung von jeder nur möglichen Seite her. Darauf verlangte er von seiner Weltliteratur wechselseitige Repressalien des Genies, Austausch von Ideen, die man sich mitteilen sollte als die Resultate einer durch Teilung schnell geförderten großen gemeinsamen Geistesarbeit. Goethe dachte an eine Tendenz der Zukunft, zuletzt ohne Eigennutz, um so mehr, da er sich schwerlich getraut haben würde, alle seine Produktionen von einem weltliterarischen Standpunkte anzusprechen. Es ist überdies sonderbar. Goethe erwähnte die Weltliteratur, um der sogenannten zeitgemäßen Poesie zu entfliehen, und derjenige Name, an welchen er die Weltliteratur anknüpfte, war die höchste Potenzierung der modernen Bildung: Lord Byron.

Byron gehört nicht zu jenen Günstlingen, welche sich die Muse der Dichtung selbst erwählt, sie mit den glänzendsten Gaben ausstattet und ihnen die Sonnenrosse ihrer stolzen Bahnen selber anschirret. Dante, Shakespear, Cervantes traten aus dem innersten Heiligtum der Poesie, umflattert von den Genien der Schönheit, welche ihnen die unverwelklichen Blütenkränze ihrer Dichtungen um die hohe Stirne flochten. Die Bajaderen der Grazie tanzten vor ihnen, die Satyrn bliesen auf ihren Waldflöten, die Tiere des Feldes legten sich gebändigt zu den Füßen der Sänger nieder. Die Dichtkunst war ihr Atem und ihre Seele. Was sie berührten, verschönten sie. Sie waren Priester, die eine heilige Offenbarung zu lehren in die Welt gesandt wurden.

Byron dagegen war nur ein Charakter, der sich der Poesie bemächtigte. Die Poesie selbst gab sich ihm unwillig hin; er mußte sie bändigen. Die Poesie hätte ihn nicht auserwählt, aber Byron war so kräftig, daß er sie zwang einen

Willen zu haben, der der seinige war. Die Poesie war für Byron ein Hülfsmittel. Er ließ den Genius der Musen nicht frei in sich walten, sondern verwandte ihn ohne Plan und Ziel für die beliebigen Wendungen seines Lebens. Sein Leben war ihm noch immer mehr als seine Poesie. Das hätte uns nie einen klassischen Dichter gebracht, wenn nicht zufällig sein ganzes Leben eine poetische Elastizität gewesen wäre.

Lord Byrons Dichtungen haben den Reiz der Originalität, obschon seine Poesie selbst nicht neu ist. Der Eindruck des Neuen macht sich bei Byron durch die Anwendung eines Charakters auf die Poesie. Allein jene Ursprünglichkeit des dichterischen Genius, welche ein reiner Ausfluß des Ideals zu sein schiene, fehlt den Schöpfungen des herrlichen Mannes. Byron hatte Ideen und griff, um sie zu verkörpern, in einen Glückstopf. Wer würde sagen, daß er niemals auf Nieten gestoßen sei! Byron hatte gleichsam die Poesie um sich her versammelt als ein fertiges Ganze, als eine Tradition, da alles Schöne ewig ist, ja ich meine sogar, daß Byron glaubte, die Poesie wäre etwas, das sich von selbst verstünde. Der Gedanke und die Absicht warten, sie bedürfen ihres Kleides, sie kleiden sich selbst nicht; sondern Byron greift nach jener Tradition und wirft seinen Absichten dasjenige um, was sein Geschmack ihn als das Beste zu wählen lehrte. Man wird nicht wagen, Lord Byron in lyrischer und dramatischer Hinsicht hochzustellen. Er war groß in der beschreibenden Poesie. Er wählte sich immer die glänzendsten Bilder unter der reichen Auswahl, die sich ihm anbot. Er ist meisterhaft in jenen Ausmalungen von Stürmen und Ungewittern, Seefahrten, Landschaften und den vielen Details, welchen die epische Poesie eine gewisse Umständlichkeit, Breite und reflektive Ausdehnung nicht verweigern darf. Byron lebte mit der Poesie wie mit seiner Gattin. Er mied ihren Umgang und weinte, wenn sie ihn verließ; er tyrannisierte sie und fluchte, wenn sie sich deshalb beklagte. Er konnte sie nicht essen sehen, er wollte sie nur in der malerischen Situation haben, als Gedanke, Schmuck, als etwas Unwirkliches und doch Vorhandenes; sie war seine Gefährtin nicht, nicht der Atem seiner Seele, er schien sie zu hassen, und doch liebte er sie!

Was nun Goethe bestimmte, an Lord Byron einen so ausdrücklichen Anteil zu nehmen, ist deshalb schwer zu entziffern, weil ihn Goethe seiner Wesenheit nach wahrscheinlich mißverstanden hat. Goethe bezeugt viel Lust, den englischen Dichter in jene erste Reihe zu stellen, wo wir nur die Günstlinge der Musen antreffen, wo die Dichtkunst eine sich ihrer innern Gesetze bewußte Offenbarung der Schönheit ist und Goethe selbst seinen kurulischen Sitz einnimmt. Jene Anomalien der Byronschen Lebensweise scheinen Goethen zufällige Abweichungen zu sein, von anekdotischem Interesse, sonst unerheblich für einen Genius, der über den Charakter seiner poetischen Mittel nachgedacht habe und bis zur innern Zentralisation des Künstlers in sich durchzudringen versuchte. Goethe wandte sich deshalb jener thetischen Poesie zu, die namentlich im Dramatischen von Byron ohne Glück kultiviert ist. Was läßt sich über Marino Falieri Günstiges urteilen! Die Rhetorik langt aus dem Munde der darin aufgeführten Personen Zettel heraus, die mit sehr schönen aber unmächtigen Reden bedeckt sind. Manfred ist eine Dunstgestalt ohne den Reiz des Lebens, eine der metaphysisch-poetischen Chrien, die es jetzt im satanischen Fache ebenso gut gibt, wie im theologischen. Wie flach, allgemein und eben durch die Unermeßlichkeit so leer ist Kain! Die Erhabenheit dieser Dichtung liegt nicht in der Auffassung, sondern in dem Gegenstand. Die Wolken jagen und türmen sich aufeinander, Millionen von Meilen werden wie Rechenpfennige gespendet, dazwischen ein Skeptizismus, der weder poetisch noch philosophisch ist und schon von Natur kalt lassen muß. Ich glaube doch, daß Goethen, wenn er es lobte, hiebei nicht aufrichtig und von Herzen warm geworden ist.

Goethe war zu beklagen; denn unmöglich besaß er Freiheit genug, um an Byrons besten Produktionen, an den Erzählungen, jene Genüge zu finden, die er sich stellt, an den philosophischen Leistungen des Dichters gefunden zu haben. Wie mußte ein an die klassische Monotonie des Homer, an die geschwätzige Gleichmäßigkeit Ariost's gewöhntes Urteil berührt werden, wenn Byron eine kleine Anekdote zu einem endlosen Gedichte dehnt, hier etwas einmischt, das nicht zur Sache gehört, dort gegen die Kritiker und Hofpoeten polemisiert, an einer andern Stelle den winzigsten Detailumstand in's Endloseste ausspinnt, und das alles unterminiert mit Horaz, Virgil und einer die poetische Jungfräulichkeit überall verletzenden Gelehrsamkeit! Goethe akkomodierte sich. Die Dedikationen Byrons trieben ihn in die Enge, die englische Kolonie in Weimar verpflichtete ihn zur Anteilnahme, und um nicht ganz an der Selbstbetörung zu nichte zu werden, hielt er sich dann an jene mysteriösen Kompositionen, in welchen er sich die schimmerndsten Lichtstreifen von Poesie zu erblicken überredete.

Es ist ein Unglück, daß Goethe den Don Juan vielleicht häuslich goutierte, ihn aber nicht öffentlich anzuempfehlen wagte. Indem er auf jene Produktionen Byrons verwies, welche eine gewisse Ähnlichkeit mit seinen eigenen Leistungen haben, verrückte er den Standpunkt der Weltliteratur. Vor diesem allgemeinen Tribunale sollte Lord Byron nur als ein Charakter gelten, der, wie wir ihn bezeichnet haben, sich eines Stückes Poesie bemächtigt hatte. Jetzt scheint es, als wäre gerade die Nachahmung jener dem Dichter mißlungenen Partien empfohlen worden. Man erschrickt, wenn man eine so durchaus abscheuliche Komposition wie Edgar Quinets Ahasverus mit der Anmaßung auftreten sieht, als gehöre sie zur Weltliteratur, als setze sie deutsche und englische Elemente nach Frankreich über, als sei sie in irgend einem Betracht dem Faust Goethes an die Seite zu stellen. Es herrschen hier mannigfache Begriffsverwechselungen, von denen nicht die geringste die ist, daß die Wahl großer Stoffe schon günstig gegen die Ausführung durch kleine Talente zu stimmen pflegt.

Überhaupt ist auch für Deutschland Goethes Nachwirkung nicht materiell, sondern formell. Was er uns hinterließ, ist die Tradition des abstrakten Genies, die Form, die Grenze und die Methode. Er hinterließ uns etwas, woran man lernen soll, sein großes Vorbild, eine Meisterschaft, die sich gewiß auch für die Beurteilung fremder Produktionen auf einige ausgesprochene Maßstäbe zurückführen läßt. Durch Goethes Studium soll sich jede ausschweifende luxurierende Phantasie im Zügel ergriffen fühlen und auf jene Bahn einlenken, wo selbst das Willkürlichste nicht ohne innere Formation ist, jenen Blumen gleich, welche der Frost auf Fensterscheiben zeichnet. Es ist wahr, Goethe war ein Kondottiere des Genies. Will ihn die Vergangenheit dafür strafen, immerhin! Die Zukunft muß ihm danken; denn von seiner Allgemeinheit lernt sie, von seiner Unbefangenheit wird sie befruchtet. Niemand kann ein Vorbild sein, der nicht etwas in sich trägt, das sich auf alle Fälle anwenden läßt.

Jeder Cicerone der gegenwärtigen deutschen Literaturzustände wird in Verlegenheit geraten, wenn ihn ein Fremder früge: Wo ist das Genie? Du sprichst von Tendenzen, von philosophischen Sekten, von entscheidenden Sekten: wo ist das Genie? Wo ist jene Allgemeinheit, die kein anderes Kredo hat, als eines auf sich selbst? Wo ist jener Funke, der hier als mildes Feuer wärmt, dort als Flamme wütet, der alles entzündet, was du willst, und der aus den größten Tollkühnheiten sich immer wieder in seine stille heimliche Glut zurückzieht? Wo ist jene Freiheit vom Gesetz, von der Meinung, von der Partei, wo jener Abenteurer, der nur sich und seine Farbe und seine Dame kennt, und die Lanze bricht mit Ideen? Klopstock, Herder, Wieland – das ist schon lange her.

Wir haben Steffens, Schelling, Raumer, Görres, wir haben aufgeweckte Köpfe, die in jedem Fache mit sicherem Erfolge arbeiten würden. Aber wie viel Erzählung, wie viel Literatur und Tendenzgeschichte brauchen wir, um jeden dieser Namen nach seinem Werte zu charakterisieren! Diese allgemeine Gefangennahme der Geister durch ihre Wunderlichkeiten, diese Erleuchtung, in die man sie erst stellen muß, ehe sie einen rechten Schatten werfen, ist das größte Hindernis der Nacheiferung. Denn wo anfassen? Wo das unmittelbare Talent von seinen Anerzogenheiten trennen? Wo sind diese Männer noch die freien Söhne der Natur, junge Waghälse, die sich mit Selbstvertrauen auf die Brust schlugen, und wo schon jene hinfälligen verschlagenen und für die heterogensten Zwecke einer isolierten Wissenschaft gefangenen Charaktere, die nicht befürchten können, weil sie Anknüpfungspunkte haben, nicht für das Genie, sondern für die Schule?

Goethe aber ist ein Name, auf den man zu allen Zeiten zurückkommen kann. Durch nichts bestimmt, kann er jedes bestimmen. Seine Dichtungen sind ein kritisches Regulativ für jede zukünftige Schöpfung. Wer wollte seine Philosophie adoptieren! Wer kann sein Leben den Triumpf der Aufopferung nennen! Wer möchte, wenn er auch so gerecht wäre, daß er das nicht tadelte, was Goethe zu tun hinterließ, doch so tolerant sein, daß er alles billigte, was Goethe tat! Aber diese Stimmungen und Gefühle mildern sich mit der Zeit und gehören doch weniger in die Literatur. In der Geschichte der Kunst wird sein Name sich wie eine goldhaltige Ader fortziehen und sich mit leuchtenden Metallkörnern an die Wurzeln jener Bäume hängen, welche jetzt gepflanzt, noch schüchtern und unhaltbar vom Winde schwanken, dereinst aber auch mit weitausgreifenden Ästen sich entfalten, und nicht bloß zeigen werden, daß sie von grünem Holze sind, sondern auch erquickende Schatten werfen können.

Weder eine Gesinnung, noch eine Manier sollte durch diese Schrift anempfohlen werden. Herrlich die Jugend, welche aufrichtiger, hingebender und feuriger empfinden kann, als Goethe konnte. Man kann hochherziger denken vom Vaterland, von der Liebe, von den Formen der Gesellschaft und den Rätseln der Geschichte. Ja selbst die Kunst war in den Händen des Dichters nicht immer ein heiliges Weihgefäß, aus dem er Segen und Gottesnähe auf die Gemeinde sprengte. Goethe hatte die größten Anschauungen, Imaginationen, deren Ausführung ihn fortwährend hoch über jenen Verhältnissen gehalten hätte, denen er unterlag; und er zog es vor, seine ungeheure Kraft an kleinen Stoffen zu verschwenden und das natürliche Prinzip, daß alle Dinge ohne Anstrengung nach einem eingebornen

Organismus sich entwickeln müßten, auch auf die moralische Welt, und zum großen Schaden der Nation, auf die Imputation des ästhetischen Gewissens zu übertragen. Indem die Poesie bei ihm die augenblickliche Erregung, der Akt des Dichtens selbst Abschließung einer abweichenden Stimmung war, so bildete er in sich nicht jene innere Triebkraft aus, die den Menschen immer aus seinem Gleichgewichte herauszuheben sucht und ihn mit Aufopferung des genossenen Momentes auf immer höhere Stufen und Terrassen der Zukunft erhebt. Über alle diese Fragen kann es keinen Zweifel mehr geben.

Doch wie man sie auch lösen mag, sie sollten uns niemals die Freude und Genüge an dem unsterblichen Teile Goethes verkümmern. In einer Zeit, die von politischen Stürmen sich beruhigend, und auf eine friedliche Weise die philosophischen Resultate derselben auf die Literatur anwenden will, ist von Vorbildern keins so beherzigenswert, wie Goethe. Wenn sich die jüngere Generation an seinen Werken bildet, so konnte sie kein Mittel finden, das so sonnig die Nebel des Augenblicks zerteilte, kein Fahrzeug, das sie über die wogenden Fluten widersprechender Begriffe so sicher hinübersetzte. Die Zeit der Tendenz kann beginnen, wenn man über die Zeit des Talentes im Reinen ist. Dann kann man auch wieder anfangen, Schiller statt Goethe zu empfehlen.

ANHANG

Hinweise zur Bedeutung ausgewählter Begriffe

S. 20 *Markscheidung:* Grenzziehung
S. 28 *Scansion:* das Skandieren
S. 28 *Osteologie:* Lehre vom Knochenbau
S. 34 *Sophrosyne:* griech. Selbstbeherrschung
S. 38 *Pharus:* hier Leuchtturm
S. 38 *hyperboreisch:* nördlich
S. 39 *apanagiert:* mit einer Apanage, also einer regelmäßigen Zahlung, versehen
S. 39 *Bajadere:* ind. Tempeltänzerin
S. 41 *Empyreum:* griech. oberster Himmel
S. 47 *Kothurn:* antiker Bühnenschuh
S. 47 *Haberrohr:* Hirtenflöte
S. 47 *Crusca:* Accademia della Crusca – Akademie zur Pflege und Reinigung der italienischen Sprache
S. 52 *Gehirnfiber:* Gehirnfaser
S. 53 *Nebelflöre:* Nebelbänke
S. 59 *Menagerie:* frz. Tiergehege
S. 61 *Barbiton:* altgriech. Musikinstrument
S. 61 *Skolion:* altgriech. Tischlied
S. 78 *Halbscheid:* Hälfte
S. 79 *Trappist:* Angehöriger eines strengen kath. Ordens
S. 81 *vitam vero impendere:* lat. das Leben wirklich verwenden (Tacitus)
S. 100 *outrirend:* übertrieben
S. 104 *Bannat:* Gebiet eines Statthalters
S. 117 *Zelot:* Glaubenseiferer
S. 119 *Nifl- und Muspelheimer-Himmel:* myth. im Norden gelegenes Reich der Kälte, bzw. des Feuers

S. 120 *Reverberen:* Rückwirkungen
S. 121 *Phidias:* athen. Bildhauer
S. 127 *kurulischer Sitz:* Sitz höchster altröm. Beamten
S. 129 *Kondottiere:* frz. Söldnerführer
S. 132 *Imputation:* ungerechtfertigte Beschuldigung

Abbildungsverzeichnis